# ICH FÜHL'S NICHT

ICH FÜHL'S NICHT
von Liv Strömquist
Übersetzung aus dem Schwedischen: Katharina Erben

ISBN: 978-3-96445-028-9

Translation made in arrangement with Am-Book (www.am-book.com)

Redaktion: Benjamin Mildner
Korrekturen: Matthias Wendrich & Johann Ulrich
Lettering & Produktion: Tinet Elmgren
Herausgeber: Johann Ulrich

Die Kosten für die Übersetzung dieses Buches wurden großzügigerweise vom schwedischen Kulturrådet unterstützt. Herzlichen Dank!

**KULTUR**RÅDET

Ebenfalls von Liv Strömquist im avant-verlag erschienen:
*Der Ursprung der Welt* (ISBN: 978-3-945034-56-9)
*Der Ursprung der Liebe* (ISBN: 978-3-945034-89-7)
*Der Ursprung der Welt & Der Ursprung der Liebe* (ISBN: 978-3-96445-003-6)
*I'm every woman* (ISBN: 978-3-96445-001-2)

avant-verlag GmbH | Weichselplatz 3–4 | 12045 Berlin
info@avant-verlag.de
Mehr Informationen und kostenlose Leseproben finden Sie online:
www.avant-verlag.de
facebook.com/avant-verlag

LIV STRÖMQUIST

# ICH FÜHL'S NICHT

avant-verlag

ICH FÜHL'S
NICHT

ALS SICH LEONARDO DICAPRIO UND DAS ISRAELISCHE SPORTS ILLUSTRATED SWIMSUIT ISSUE-MODEL BAR REFAELI IM JAHR 2011 TRENNTEN, VERRIET EINE QUELLE DER DAILY MAIL:

Dann kam Leonardo DiCaprio mit der
Schauspielerin Blake Lively, 24, zusammen.
Los Angeles

Dann trennten sie sich und DiCaprio
kam mit dem Victoria's Secret-Model
Erin Heatherton, 23, zusammen.
Los Angeles

Dann trennten sie sich und DiCaprio
kam mit dem deutschen Victoria's Secret-
Model Toni Garrn, 21, zusammen.
Los Angeles

Dann trennten sie sich und DiCaprio
datete das Sports Illustrated Swimsuit
Issue-Model Kelly Rohrbach, 25.
Los Angeles

Dann trennten sie sich und DiCaprio
datete das polnische Bikini-Model Ela
Kawalec, 23.
Los Angeles

Dann trennten sie sich und DiCaprio
kam mit dem dänischen Sports Illustrated
Swimsuit Issue-Model Nina Agdal, 25,
zusammen.
Los
Dann trennten auch sie sich.

EINE QUELLE VERRIET DER DAILY MAIL:

Los Angeles

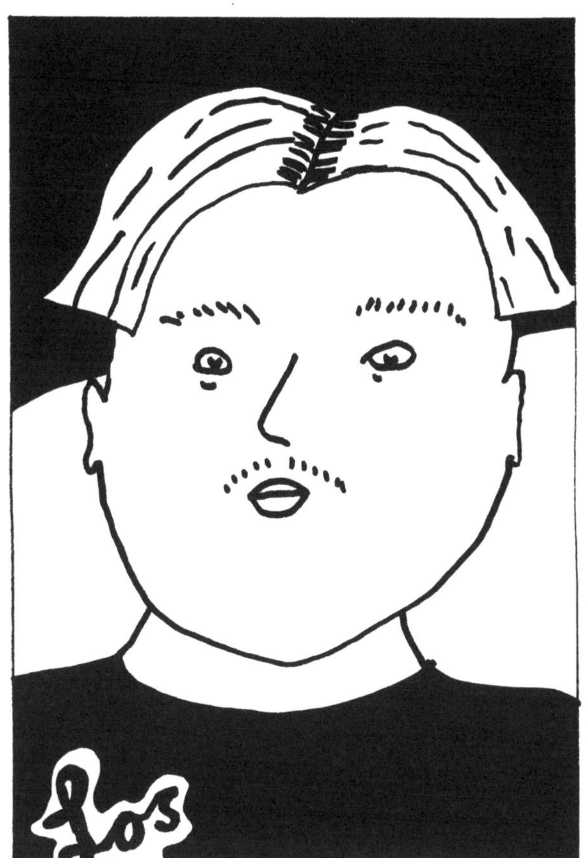

# ICH FÜHLE

ODER DOCH, SICHERLICH FÜHLT ER ETWAS!! Aber nicht sehr STARK.

Es ist irgendwie nicht so, als würde DiCaprio das Gefühl haben zu sterben, wenn z. B. Toni Garrn nicht mit ihm auf einem Citibike durch New York radelt.

Eigentlich spielt es für ihn keine SUPER-große Rolle, ob er Erin Heatherton je wiedersieht, und es spielt für Erin Heatherton keine SUPERgroße Rolle, ob sie Leonardo DiCaprio je wiedersieht!!!

Leonardo DiCaprio ist irgendwie wie eine lauwarme Herdplatte, die das Wasser nie richtig zum Kochen bringt.

NICHTS

Wenn man mit der Hand drauffasst, verbrennt man sich nicht.

UND Das ist TOTAL OK!!!
Daran ist nichts FALSCH!!! Es ist nur so, dass da irgendwie KEIN GEFÜHL IST, man FÜHLT NICHTS!

MANCHE SOZIOLOG*-INNEN UND PHILOSOPH*INNEN SIND DER ANSICHT, DASS DAS GEFÜHL

**„SICH ZU VERLIEBEN“**

IN DER HEUTIGEN ZEIT IMMER AUSSERGEWÖHNLICHER GEWORDEN IST.

Das Gefühl entsteht immer seltener oder gar nicht (wir sind alle DiCaprio).

# ABER WARUM?

Ok ... Ich will kurz mal ein paar Theorien durchgehen ... (Ok, vielleicht nicht ganz so kurz, aber immerhin, ha ha):

## 1. DAS VERSCHWINDEN DES „ANDEREN“

Der Philosoph Byung-Chul Han vertritt die Ansicht, dass der extreme Narzissmus des Spätkapitalismus unsere Gesellschaft grundlegend verändert hat.*

Der extreme Narzissmus des Spätkapitalismus hat unsere Gesellschaft grundlegend verändert.

* Byung-Chul Han: Agonie des Eros. Matthes & Seitz, 2012

Da wir immer mehr mit uns selbst beschäftigt sind, verschwindet „der Andere". (Han S. 5)

Byung-Chul Han zufolge wird in dieser unserer spätkapitalistischen Epoche die Libido (die sexuelle Energie) in erster Linie in **DIE EIGENE** Subjektivität investiert (Beispiel: Man macht lieber ein sexy Selfie als ein sexy Bild von jemand anderem).

Byung-Chul Han schreibt: Der Narzissmus ist keine Eigenliebe. (…) Das narzisstische Subjekt kann dagegen seine eigenen Grenzen nicht klar festlegen.

So verschwimmen die Grenzen zwischen ihm und dem Anderen.

Dem narzisstischen Subjekt erscheint die Welt nur in Abschattungen seiner selbst.

ANDERE MENSCHEN SIND NICHT „ANDERE" – SONDERN DIENEN ALS SPIEGEL ZUR BESTÄRKUNG DES EIGENEN EGOS.

Der ganze Witz von „anderen Menschen" ist doch, dass sie MICH spiegeln und bestätigen.

DAS SUBJEKT IST NICHT FÄHIG, DEN ANDEREN IN SEINER ANDERSHEIT ZU ERKENNEN UND DIESE ANDERSHEIT ANZUERKENNEN.*

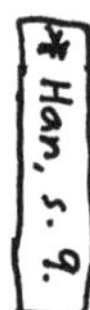

Aber bei der Liebe geht es doch eigentlich **IMMER** um die Andersartigkeit einer anderen Person – sich zu verlieben bedeutet doch, eine Person als **KRASS ANDERS** – einzigartig – ohnegleichen – einmalig zu erleben.

In Platons „Symposion" aus dem Jahr 385 v. Chr. beschreibt er ein Gastmahl, bei dem Sokrates und seine guten Freunde Eryximachos, Aristophanes, Phaidros etc. beschließen, jeder eine Rede über die Liebe zu halten. Es fängt damit an, dass alle nette, ganz normale Reden halten:

Dieser Jemand stellt sich als Alkibiades heraus, ein junger Alki aus ihrem erweiterten Bekanntenkreis:
Nehmt ihr einen schön tüchtig trunkenen Mann auf?!*
* Platon: Sämtliche Werke, Band 2. Rowohlt 2016, S. 88

Er kommt herein und sieht Sokrates, mit dem er unlängst eine Affäre hatte. Sokrates ist allerdings mit seinem neuen Gespielen dort, Agathon.

Alkibiades ruft:
Sokrates!
Du hast es wieder so ausgesonnen, dass du neben dem Schönsten von allen hier zu liegen kommst!*
* Platon, S. 89

Sokrates sagt zu Agathon:
Steh mir bei! Denn dieses Menschen Liebe hat mir schon zu gar nicht wenigem Verdruss gereicht!
Denn seit der Zeit, dass ich mich in diesen verliebt, darf ich nun gar nicht mehr irgendeinen Schönen ansehen und mit einem reden, oder er ist gleich eifersüchtig und neidisch, macht mir eine Szene und legt beinahe Hand an mich!*
* Platon, S. 89

Alkibiades brüllt:
Habt ihr keinen größeren Becher?!
Wir wollen saufen!
Und trinkt dann direkt aus dem Weinkühler.
Sokrates!! Willst du einen Schluck?!*
* Platon, S. 90

Eryximachos meldet sich zu Wort:
Wir haben alle Reden über die Liebe gehalten! Willst du nicht vielleicht auch etwas beitragen, Alkibiades?

Alkibiades erhebt sich und erwidert:
Klar!

ICH HALTE EINE REDE ÜBER SOKRATES!

Alkibiades sagt:
Wenn ich Sokrates reden höre …
… pocht mir das Herz heftiger …
… und Tränen werden mir ausgepresst von seinen Reden.
Dergleichen begegnete mir nichts.

Aber von diesem Typ bin ich so oft bewegt worden, dass ich glaubte, es lohnte nicht so zu leben, wenn ich so bliebe, wie ich wäre.*
* Platon, S. 92

Dann erzählt Alkibiades, dass Sokrates sich ihm gegenüber aufgeführt hat wie ein Cocktease:

Alkibiades weiter:

Alkibiades lädt Sokrates also zu einem Essen ein, das so spät endet, dass Sokrates im Bett neben Alkibiades übernachten muss. Alkibiades erzählt:

ABER ES PASSIERT IMMER NOCH NICHTS !!

Wie dem auch sei! Der Grund, warum ich diese alte Geschichte aufwärme, wie Alkibiades vor 2400 Jahren vergeblich versucht, Sokrates rumzukriegen, ist, dass er den Bericht mit folgender Aussage über Sokrates beendet:

**ER IST DURCHAUS KEINEM MEN-SCHEN ÄHNLICH**

– weder einem alten noch einem jetzigen.

Andere Menschen könnte man

**VERGLEICHEN:**

So könnte man wohl Achilles mit Brasidas vergleichen, und Perikles mit Nestor, etc. Und so gibt es noch viele andere, für die man zahllose Vergleiche finden könnte.

Wie aber dieser Mensch in seiner Wunderlichkeit ist,

**SO WÜRDE EINER AUCH VON FERN NICHTS ÄHNLICHES FINDEN,**

weder bei den jetzigen noch bei den alten.

(Platon, S. 98 – 99)

**Was Alkibiades meint, ist, dass Sokrates „ein Anderer" ist – die philosophische Bezeichnung hierfür ist „ATOPOS".**

**Dass jemand „atopos" ist, bedeutet für den französischen Philosophen Roland Barthes, dass es unmöglich ist, „ihn einzuordnen, eben weil er der Einzigartige ist (...) und sich mit keinem Stereotyp erfassen lässt".**
(Barthes, Roland: Fragmente einer Sprache der Liebe. Suhrkamp 2015, S. 48)

UND DAS (nach Ansicht von z. B. Roland Barthes und Byung-Chul Han) ist dafür ENTSCHEIDEND, wie Liebende das Objekt ihrer Zuneigung SEHEN: dass man nämlich den anderen als „atopos" sieht – unvergleichlich mit allen anderen.

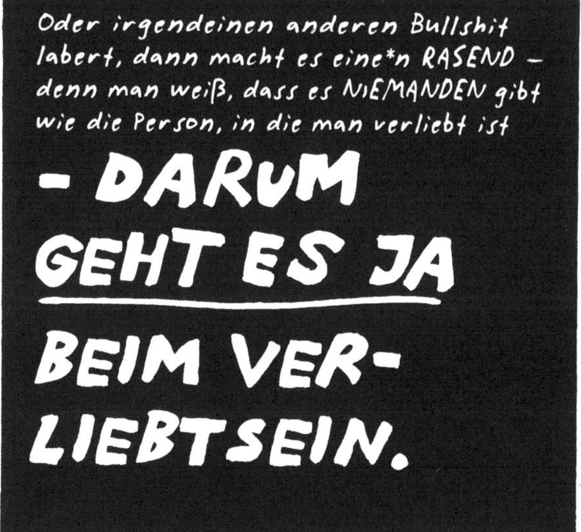

Indem man Menschen nicht als „atopos" erkennt, werden alle GLEICH – und sind daher ständig miteinander vergleichbar. Es gibt niemand Unvergleichliches. Byung-Chul Han schreibt:

**Man KANN den Anderen, dem die Andersheit genommen worden ist, NICHT LIEBEN, sondern nur konsumieren.***

* Han, S. 22

Dieser Theorie zufolge kann Leonardo DiCaprio, da er in dieser unserer spätkapitalistischen, narzisstischen Kultur lebt, ein Bikini-Model aus der Sports Illustrated nicht als „atopos" – als einen anderen Menschen – wahrnehmen, sondern begreift dieses Bikini-Model nur als Spiegel für sein Ego – austauschbar und mit anderen Spiegeln vergleichbar.

Da die Bikini-Models ihrer Einzigartigkeit beraubt sind, ist es für Leonardo DiCaprio unmöglich, sie zu lieben – stattdessen verschmelzen sie zu ein und demselben vergleichbaren Objekt, das man daher gar nicht lieben, sondern nur konsumieren kann.

# 2. DIE KONJUNKTUR DER RATIONALEN WAHL

Ein offensichtlicher Unterschied zwischen der Paarbildung in der heutigen Gesellschaft im Vergleich zur Paarbildung in früheren Gesellschaften ist, dass es in der vormodernen Gesellschaft viel, viel weniger Wahlmöglichkeiten gab.

Wen man heiraten konnte, war streng reglementiert durch Klasse (man durfte nur innerhalb seiner gesellschaftlichen Schicht heiraten), Ethnie (man durfte nur jemanden mit gleichem ethnischen Hintergrund heiraten), Geschlecht (man durfte nur eine Person entgegengesetzten Geschlechts heiraten) und ganz einfach dadurch, dass es jemand sein musste, den man zufällig kannte oder der zufällig in der Nähe wohnte.

Heutzutage haben sich Klassen-, Ethnien- und Geschlechtervorschriften gelockert – plus, dass das Internet es einem ermöglicht, STÄNDIG mit ALLEN Menschen auf der ganzen Welt flirten zu können. Diese Situation führt dazu, dass man sich ständig jemand anderen vorstellen kann – egal, ob realistisch oder nicht – der möglicherweise besser ist als die Person, mit der man gerade zusammen ist.

Im Gegensatz zu früher wird auch nicht mehr erwartet, dass man das ganze Leben mit ein und derselben Person zusammen ist, sondern man kann im Laufe seines Lebens beliebig oft den/die Partner*in wechseln.

# MAN MUSS SICH GANZ EINFACH IN VIEL HÖHEREM MASS MIT DEM AUSWAHLPROZESS SELBST BESCHÄFTIGEN.

Aber nach welchen Kriterien soll man auswählen, mit wem man zusammen ist? Die Soziologin Eva Illouz versteht die Intuition als ein Mittel für die Partner*innenwahl: also dass man die Entscheidung ziemlich schnell mithilfe von akkumulierten, impliziten Fähigkeiten, früheren Erfahrungen und „Bauchgefühl" trifft – es ist eine Entscheidung, die mehr auf Vorahnungen als auf Informationen basiert.*

* Illouz, Eva: Warum Liebe weh tut. Suhrkamp 2012, S. 172

Intuitive Entscheidungen lassen sich nicht rational erklären – es IST einfach so.

Illouz ist der Ansicht, dass diese Art der Partner*innenwahl abgenommen hat, während die durch rationales Denken bestimmte Partner*innenwahl zugenommen hat, bei der man z. B. verschiedene Alternativen miteinander vergleicht, die Vor- und Nachteile abwägt, analysiert, sich Rat von Expert*innen einholt, von vornherein Präferenzen auf einer Dating-Seite festlegt und sogar auf wissenschaftliche Methoden zurückgreift.*

* Illouz, S. 293

Aber warum hat die intuitive Partner*innenwahl abgenommen, während die rationale Entscheidung zugenommen hat? Nun, das hat natürlich mehrere Gründe:

**DIE ZUNEHMENDE „VERWISSENSCHAFTLICHUNG" ALLER GESELLSCHAFTLICHEN PROZESSE:**

**DER PSYCHOLOGIE-TREND, DER UNS DAZU ANHÄLT, UNS SELBST ZU ANALYSIEREN:**

**UNSER FAIBLE FÜR EXPERT*INNEN:**

**DIE AUSWEITUNG DER KONSUMGESELLSCHAFT – DIE BEWIRKT, DASS WIR UNS SOGAR IN UNSEREN BEZIEHUNGEN ZU ANDEREN MENSCHEN WIE RATIONALE, NUTZENOPTIMIERENDE KONSUMENT*INNEN VERHALTEN.**

Illouz vertritt jedoch die These, dass **DIE RATIONALE ENTSCHEIDUNGSFINDUNG DIE FÄHIGKEIT HEMMT, STARKE EMOTIONALE INVOLVIERTHEIT ZU EMPFINDEN.**

Wenn man vergleicht und verschiedene Alternativen gegeneinander abwägt, bedeutet das nämlich, dass man ein Objekt, eine Person oder eine Situation in seine Bestandteile aufsplittet, um sie anschließend zu bewerten und ihre Attribute gegeneinander abzuwägen.

Das Aufsplitten eines Objekts in separate Teile **BEHINDERT ABER DIE INTUITIVE BEWERTUNG** und führt – der Forschung zufolge – tendenziell dazu, dass **DER POSITIVE EINDRUCK GEMINDERT WIRD.***

* Illouz, S. 177–178

Illouz zitiert beispielsweise eine Studie, die zeigt, dass Menschen, wenn sie dazu aufgefordert werden, den Geschmack eines Gerichts IN WORTEN ZU BESCHREIBEN, das Essen ihnen tendenziell schlechter schmeckt. Die verbale, introspektive Beurteilung untergräbt den positiven Gesamteindruck.*

* Illouz, S. 179

Illouz schreibt:

**IN DIESEM SINNE KANN EINE HOCHGRADIG VERBALISIERTE KULTUR DER WAHL DIE FÄHIGKEIT, SICH OHNE GRUND EMOTIONAL VERBUNDEN ZU FÜHLEN UND AUFGRUND SEINER INTUITION FESTZULEGEN, ERHEBLICH BEEINTRÄCHTIGEN.***

* Illouz, S. 180

Wie Lou Andreas-Salomé schreibt:
Liebende sind einander gegenseitig kein Gegenstand sachlicher Beurteilung gleich den übrigen Dingen,
sondern eigentlich nur ein WUNDER-SELTSAMES MÄRCHEN.*
* Andreas-Salomé, Lou: Erotik. Ullstein 1992, S. 61 (ursprünglich erschienen 1900)
(Lou Andreas-Salomé wusste das eine oder andere über die Liebe, da sie außerdem dafür bekannt ist, Nietzsche erobert und psychisch VÖLLIG ERLEDIGT zu haben. Sie hat also nicht irgendeinen unsicheren Typen fertiggemacht, sondern FRIEDRICH NIETZSCHE - den selbstbewusstesten Mann der Weltgeschichte! Und sie hat ihn nicht nur einfach irgendwie psychisch irritiert, sondern TOTAL RUINIERT.)

Sogar der slowenische Marxist Slavoj Žižek sagt, dass Verliebtheit und Liebe „in the good old fashioned sense" immer seltener werden in der heutigen Zeit.

Žižek weist darauf hin, dass der Ausdruck „falling in love" oder auch „jemandem verfallen" deskriptiv ist: Sich zu verlieben ist ein unerwartetes, lebensveränderndes Ereignis, bei dem das Ego gewissermaßen zusammenbricht.

Aber in unserer oberflächlichen, konsumistischen Kultur wird dieses Ereignis, dieses urplötzliche „Fallen", das das ganze Leben verändert, immer seltener, so Žižek.

Er erläutert, dass sich, indem wir auf Dating-Seiten und Partner*innenbörsen Kriterien und Präferenzen festlegen können, das vorherige, romantische Verständnis der Liebe als eine Art „Fallen" VERÄNDERT hat und wir gewissermaßen wieder bei einer Art Vernunftehe angelangt sind.

Wenn man sich intuitiv und irrational verliebt, weiß man ja oft nicht besonders viel über die Person, in die man sich verliebt – oft ist es ja genau andersherum: Erst WENN man sich in jemanden verliebt, FÄNGT MAN AN, die Sachen zu mögen, die diese Person mag oder macht.

**ABER STATT SICH VON EINEM GEFÜHL ÜBERRASCHEN ZU LASSEN UND INTUITIV ZU ENTSCHEIDEN, DENKT MAN RATIONAL, WIE EIN*E KONSUMENT*IN.**

* Žižek, Slavoj: 'Our Fear of Falling in Love' Big Think

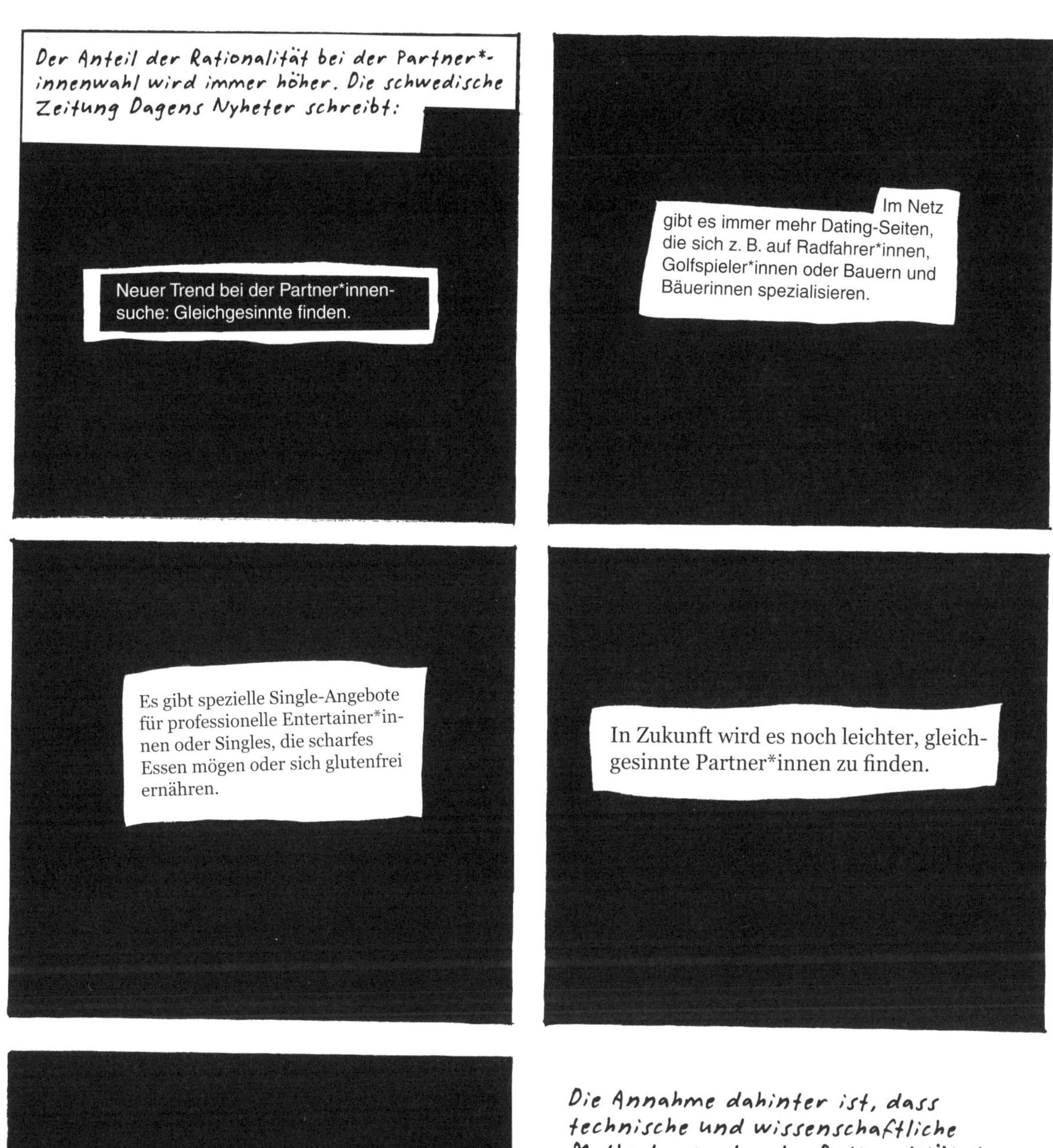
Der Anteil der Rationalität bei der Partner*innenwahl wird immer höher. Die schwedische Zeitung Dagens Nyheter schreibt:
Neuer Trend bei der Partner*innensuche: Gleichgesinnte finden.
Im Netz gibt es immer mehr Dating-Seiten, die sich z. B. auf Radfahrer*innen, Golfspieler*innen oder Bauern und Bäuerinnen spezialisieren.
Es gibt spezielle Single-Angebote für professionelle Entertainer*innen oder Singles, die scharfes Essen mögen oder sich glutenfrei ernähren.
In Zukunft wird es noch leichter, gleichgesinnte Partner*innen zu finden.
Mit Hilfe von künstlicher Intelligenz suchen Algorithmen in den sozialen Medien nach Menschen aus dem gleichen sozialen Segment wie man selbst.
Dagens Nyheter, 2. März 2019
Die Annahme dahinter ist, dass technische und wissenschaftliche Methoden und mehr Rationalität dazu führen, dass MEHR Menschen einen Zustand von glücklicher Verliebtheit erlangen – sodass sich die Menge der glücklichen Verliebtheit innerhalb der Bevölkerung durch diese Methoden INSGESAMT ERHÖHT.
Aber, wie zuvor erwähnt, kann eben dieser „rationale Ansatz" bei der Partner*innenwahl einen gegenteiligen Effekt haben.

* Gift vid första ögonkastet, Staffel 3, 2017

Und das bewirkt, dass er sich dem ganzen Auswahlprozess gegenüber ebenfalls wie ein Konsument verhält. Er hat bestimmte Sachen bestellt und wenn sie nicht erfüllt werden, fühlt er sich wie ein unzufriedener Kunde.

Unzufrieden!

Mats redet hier über Elizabeth wie über eine Ware mit einem Makel; und wenn eine Ware einen Makel hat, ist die natürliche Reaktion, dass man eine andere Ware haben will.

**Man erwartet ja nicht, dass eine WARE die Macht hat, einen in seinen Grundfesten zu erschüttern oder dass MAN SELBST durch einen Konsumartikel verändert wird:**

* Gift vid första ögonkastet, Staffel 3, 2017

Das ist wiederum ein Beispiel dafür, wie die rationale Partner*innenwahl Mats daran hindert, sich emotional involviert zu fühlen:

Die analysierende Introspektion sowie seine psychologisierende Self-Empowerment-Haltung bewirken, dass Mats Schwierigkeiten hat, überhaupt Gefühle zu empfinden

– stattdessen **WIRD MATS' EGO VON DIESEM EREIGNIS NOCH BESTÄRKT** – was wiederum bewirkt, dass es noch unwahrscheinlicher wird, dass Mats einem anderen Menschen „verfällt".

**In diesem Sinne wirkt die rationale Entscheidungsmethode der Entstehung des Gefühls „sich zu verlieben" sogar ENTGEGEN – da es die intuitive Bewertung stört und einem Verhalten Vorschub leistet, als sei man Konsument*in im Supermarkt.**

Während das, was Mats eigentlich braucht (sein Weg zur Liebe), das SICH-FALLENLASSEN ist ...

... das Zulassen, dass sein eigenes Ego zusammenkracht ...

... um dann irgendwie einfach aufzugeben und sich Elizabeth KRAFTLOS hinzugeben ...

... und sich auf diese Weise der DRAMATISCHEN, TIEFEN, LEBENSVERÄNDERNDEN, SCHICKSALHAFTEN VERBINDUNG zwischen sich und einer 58-jährigen Gesprächs-Coachin hinzugeben.

# 3. DIE NEU-DEFINITION VON MÄNNLICHEM ERFOLG

Hallo!! Was war noch mal das Thema?! Genau, warum Leonardo DiCaprio sich nicht für *eines* der Bikini-Models entscheidet, z. B. für Toni Garnn, und sich RICHTIG in Toni Garrn verliebt, Toni Garrn lebenslange Liebe verspricht, von einer Tochter träumt, die genauso aussieht wie Toni Garrn, nachts lange Tagebucheinträge darüber schreibt, wie sehr er Toni Garrn liebt, etc.

Nicht, dass er das unbedingt tun SOLLTE! Regt euch ab. Ich frage mich einfach nur, WARUM es nicht passiert!

Ich frage mich, warum er (und unglaublich viele andere Typen in dieser unserer spätmodernen Epoche der seriellen sexuellen Kontakte) sich Toni Garrn gegenüber stattdessen FOLGENDERMASSEN verhält:

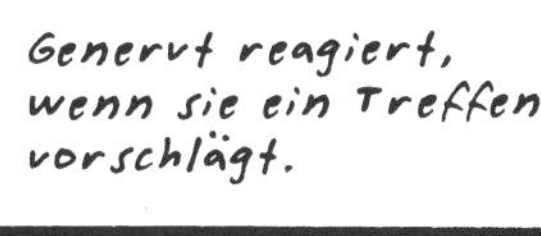

Sie nicht seinen Kumpels vorstellt.

Panik bekommt, wenn sie sagt, dass sie irgendwann mal ein Kind haben will.

Eine offene Beziehung vorschlägt.

Wie kann man eigentlich ANSPRÜCHE auf den Körper eines anderen Menschen erheben?

**Nun – eine Erklärung dafür könnte sein, dass die ART UND WEISE, den MÄNNLICHEN STATUS AUFRECHTZUERHALTEN, oder „EIN ERFOLGREICHER MANN zu sein" sich in den letzten 100–150 Jahren verändert hat.***

* Illouz, S. 115–204

Diese große soziologische Veränderung hat allerdings die emotionalen Transaktionen in heterosexuellen Beziehungen VERÄNDERT und vor allem, Illouz zufolge, BEWIRKT, DASS MÄNNER Frauen gegenüber EMOTIONAL DISTANZIERTER AUFTRETEN (Illouz, S. 125). Aber WARUM? Nun –

→

**Traditionell kam Männlichkeit in drei verschiedenen Kontexten zum Ausdruck:**

**BEI DER ARBEIT** **ZU HAUSE** und **IN EXKLUSIVEN MÄNNERBÜNDEN**

Wo Sozialprestige viele Erben und eine große Familie bedeutete, deren Oberhaupt selbstverständlich der Mann war.

Was so ziemlich ALLE sozialen Treffpunkte betraf!

Prost!

Das Leben eines Mannes sah also so aus:

Er ging zur Arbeit, wo es nur Männer gab ...

... nach der Arbeit schaute er kurz zu Hause vorbei, aß eine ordentliche Mahlzeit, küsste seine Frau und seine sechs Kinder ...

... anschließend ging er aus und rauchte Zigarren in irgendeinem Club oder einer Kneipe, wo es nur Männer gab.

**Aber im Laufe der letzten Jahrzehnte wurden ALLE diese Orte unterminiert und der Status des Mannes durch die Moderne und feministische Errungenschaften ausgehöhlt. Heutzutage sieht es folgendermaßen aus:**

Die traditionelle Art, männlichen Status zur Schau zu stellen, ist out und signalisiert stattdessen scheinbar eine Art überholter Working-Class-Männlichkeit.

**Aus diesem Grund verschob sich – Illouz zufolge – DAS AUSÜBEN DES MÄNNLICHEN STATUS IN DEN BEREICH DER SEXUALITÄT.***

* Illouz, S. 142

Illouz schreibt:

**DIE MÄNNER ÜBERTRUGEN DIE KONTROLLE, DIE SIE ZUVOR IM HAUSHALT INNEGEHABT HATTEN, AUF GESCHLECHTLICHKEIT UND SEXUALITÄT, WAS LETZTERE IN JENE SPHÄRE VERWANDELTE, IN DER SIE IHRE AUTORITÄT UND AUTONOMIE AUSLEBEN UND ZUM AUSDRUCK BRINGEN KONNTEN.**

(Illouz, S. 143)

DISTANZIERTHEIT IN DER SEXUALITÄT signalisierte und gestaltete die grundsätzliche Figur der Autonomie und damit der Männlichkeit.*

* Illouz, S. 143

Emotionale Distanziertheit ließe sich als Metapher für eine männliche Autonomie verstehen, die mit der Trennung von Sex und Ehe nur noch realisierbarer wurde.*

* Illouz, S. 142

**DAS WAR EINE GROSSE VERÄNDERUNG IM VERGLEICH ZU DEM, WAS „MÄNNLICHES VERHALTEN" IM 19. JAHRHUNDERT BEDEUTETE.**

Hier bedeutete eine erfolgreiche Männlichkeit im Gegenteil das Vermögen, starke Gefühle zu EMPFINDEN und ZUM AUSDRUCK ZU BRINGEN, VERSPRECHEN ZU MACHEN und ZU HALTEN und SICH ZIELSTREBIG UND ENTSCHLOSSEN AN JEMANDEN ZU BINDEN. (Illouz, S. 126)

Schauen Sie sich beispielsweise mal an, was in Thomas Manns Familiensaga „Buddenbrooks" passiert, als Bendix Grünlich (die folgende Szene spielt in der ersten Hälfte des 19. Jahrhunderts) um die Hand von Antonie Buddenbrook anhält (die er zuvor nur zweimal getroffen hat):

Im Buch heißt es: „Mit raschen Schritten, die Arme ausgebreitet und den Kopf zur Seite geneigt, in der Haltung eines Mannes, welcher sagen will:

* Mann, Thomas: Buddenbrooks. S. Fischer 2011, S. 107 (ursprünglich ersch. 1903)

Antonie will Grünlich allerdings auf keinen Fall heiraten (zum großen Teil deswegen, weil er seinen seltsam goldgelben Backenbart mit dem gleichen Puder färbt, mit dem man Weihnachtsnüsse vergoldet), aber TOTAL EGAL. →

* Mann, S. 108

Mein Punkt ist, dass **SICH HIER ZEIGT**, dass Herr Grünlich eine für das 19. Jahrhundert **ERFOLGREICHE FORM VON MÄNNLICHKEIT** repräsentiert, nämlich:

**DIE FÄHIGKEIT, EINE ENTSCHEIDUNG ZU TREFFEN, EIN BINDENDES VERSPRECHEN ZU GEBEN, EINE LIEBESERKLÄRUNG ZU MACHEN SOWIE STARKE GEFÜHLE ZU EMPFINDEN.**

Einer Frau KEIN Versprechen zu machen oder es nicht zu halten, wurde im 19. Jahrhundert als extremes Versagen, als unmännlich und verwerflich angesehen.

**Ein Beispiel hierfür ist die allgemeine Reaktion darauf, dass der dänische Philosoph Søren Kierkegaard im Jahr 1841 seine verlobung mit Regine Olsen löste:**

Ein Jahr zuvor hatte Kierkegaard auf für das 19. Jahrhundert typisch männliche Art um Olsens Hand angehalten, nämlich: ihr zwei Jahre lang Aufwartungen gemacht, um dann plötzlich, als er gerade ihrem Klavierspiel lauscht –

AUFZUSTEHEN

IHR NOTENHEFT ZUZUKLAPPEN

es auf das Klavier zu WERFEN und LAUT ZU RUFEN:

Regine antwortet nicht darauf, sondern ist völlig still. (Kierkegaard beschreibt die Szene in seinem Tagebuch) (auch typisch für einen Mann im 19. Jahrhundert: Tagebuch schreiben) (und sich darin über sein Brautwerben auszulassen).

Bis dahin erfüllt Kierkegaard alle Männlichkeits-Anforderungen des frühen 19. Jahrhunderts, indem er 1) starke Gefühle empfindet und sie zum Ausdruck bringt, 2) zu seinen Entscheidungen steht, 3) Versprechen macht (Liebeserklärungen bedeuten nämlich, dass er um Olsens Hand anhält).

Aus unbekanntem Grund LÖST Kierkegaard die Verlobung mit Regine Olsen ein Jahr später (es gibt Mutmaßungen, dass es an seinen religiösen Grübeleien lag und/oder, dass er Olsen nicht mit seiner Melancholie belasten wollte) (vielleicht hatte er Komplexe, wie er nackt aussah?).

ABER das interessante ist, dass dies in Kopenhagen einen RIESENSKANDAL hervorrief, über den sich nicht nur Olsens Familie, sondern die ganze Gesellschaft extrem ereiferte.*

* Garff, Joakim: Sören Kierkegaard. dtv 2005, S. 225

Verschiedene Gerüchte verbreiteten sich über Kierkegaard; darüber, wie harsch und falsch er sich Olsen gegenüber verhalten habe. Die ganze Gesellschaft stellte sich auf Olsens Seite und verurteilte Kierkegaards Verhalten als verwerflich.

Der zeitgenössische Schriftsteller Henrik Hertz äußerte sich folgendermaßen:

* Diese Geschichte ist wahrscheinlich erfunden!

Oder auf Dänisch:

* Garff, S. 226

Bei Illouz heißt es:

**WÄHREND MÄNNLICHKEIT IM 19. JAHRHUNDERT DURCH EMOTIONALE STANDHAFTIGKEIT UND DIE NAHEZU OSTENTATIVE ZURSCHAUSTELLUNG DER FÄHIGKEIT DES MANNES, VERSPRECHEN ZU MACHEN UND ZU HALTEN, ZUM AUSDRUCK GEBRACHT WURDE, ÄUSSERT SICH DIE MODERNE MÄNNLICHKEIT EHER IN EINER EMOTIONALEN VERWEIGERUNG ALS DARIN, GEFÜHLE UNTER BEWEIS ZU STELLEN.**

* Illouz, S. 197–198

Umgekehrt waren Frauen im 19. Jahrhundert häufig emotional reservierter als Männer.*

SELBSTVERSTÄNDLICH stehen wir hier einfach rum und warten, während ein Mann uns zu Füßen liegt und lautstark seine Liebe beteuert. SELBSTVERSTÄNDLICH!

Wir würden NIEMALS einem Mann unsere Liebe gestehen oder ein emotionales Risiko eingehen, bevor er uns nicht die Ehe versprochen hat!

NIEMALS!

Jetzt hat mir trotzdem jemand das Herz gebrochen! Aber das war ganz und gar nicht üblich!

Und ich habe dann einen anderen Mann geheiratet und bin mit ihm nach Westindien gegangen, während Kierkegaard sein Leben damit verbrachte, in seinem Tagebuch über mich nachzugrübeln!

* Illouz, S. 198

Illouz schreibt: Während die Frauen in den meisten Bereichen des gesellschaftlichen Daseins weitgehend machtlos waren, scheinen sie eine starke Position im Prozess des Liebeswerbens innegehabt zu haben –

– zumindest auf der Ebene emotionaler Macht, wenn man darunter das Vermögen versteht, sich hinsichtlich der eigenen Gefühle bedeckt zu halten und den Mann dazu zu zwingen, die seinigen zu offenbaren, um daraufhin über eine Reaktion zu entscheiden.*

* Illouz, S. 124

Aber HEUTE, jedenfalls nach Ansicht von Illouz, haben FRAUEN die Rolle desjenigen übernommen, der starke Gefühle haben darf, Liebeserklärungen machen darf, sich binden und eine Familie gründen will (ja, ich weiß, das betrifft nicht alle Frauen, nur die Ruhe!!!)

# ABER WARUM?

Illouz beschreibt es so: Im traditionellen Patriarchat sind die normativen und kulturellen Erwartungen, Kinder zu kriegen (um seinen eigenen Haushalt zu gründen, diesen dann zu leiten und seinen Namen weiterzugeben) AN MÄNNER UND FRAUEN ETWA GLEICH GROSS.

Die patriarchale Männlichkeit BRAUCHT Familie zu ihrer eigenen Bestätigung.

Voll das fette Statussymbol, hier inmitten meiner vererbten Gene zu sitzen!

In Gesellschaften, in denen das Patriarchat infrage gestellt wird, ist der normative Druck auf Männer, sich zu reproduzieren, erheblich geringer, da hier – wie wir erfahren haben – psychologische Autonomie und ökonomischer Erfolg die kulturellen Imperative sind, die Männlichkeit am meisten prägen.

SOMIT FÄLLT DEN FRAUEN die soziologische Rolle zu, Kinder kriegen zu WOLLEN*

*Illouz, S. 147

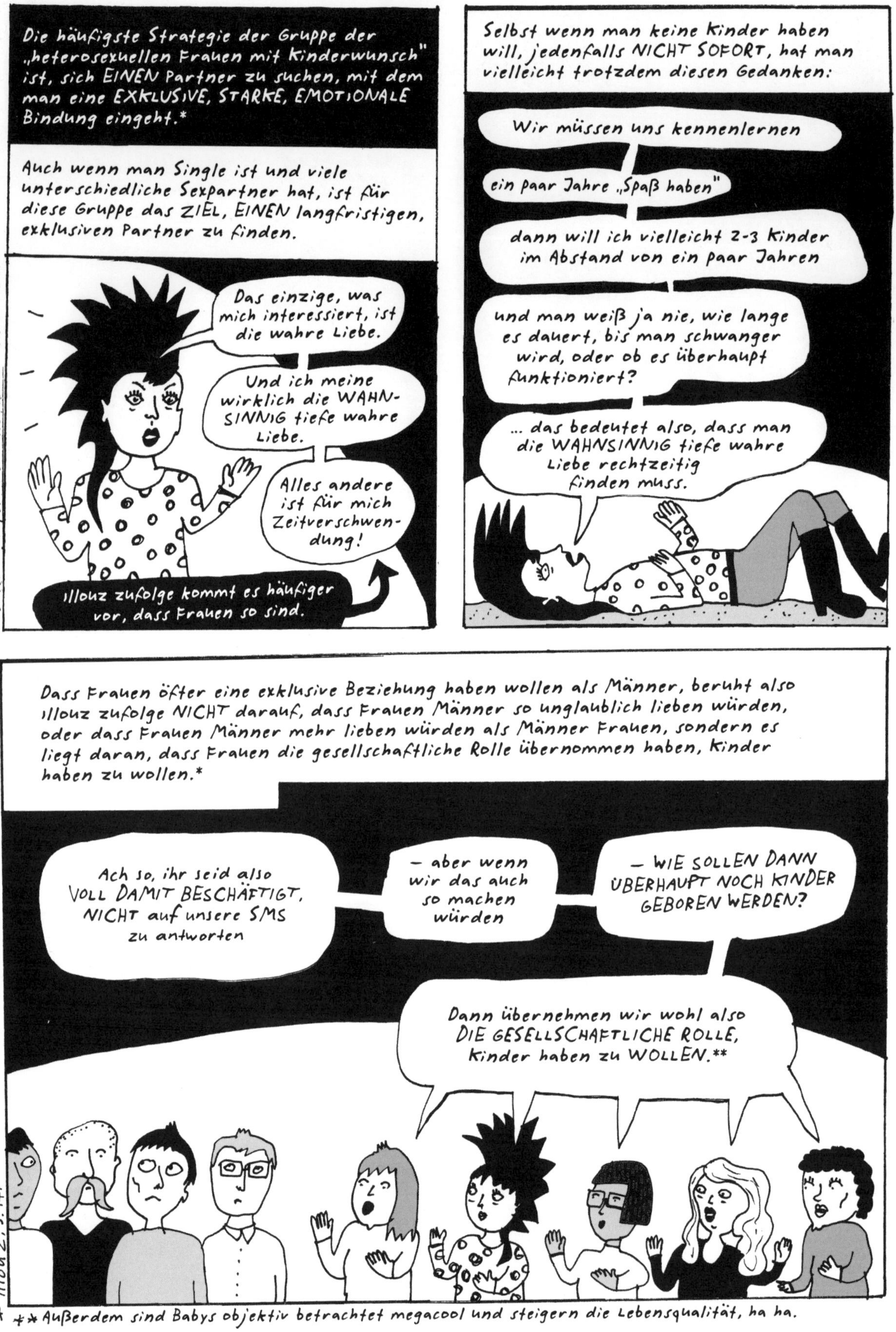

Die häufigste Strategie der Gruppe der „heterosexuellen Frauen mit Kinderwunsch" ist, sich EINEN Partner zu suchen, mit dem man eine EXKLUSIVE, STARKE, EMOTIONALE Bindung eingeht.*

Auch wenn man Single ist und viele unterschiedliche Sexpartner hat, ist für diese Gruppe das ZIEL, EINEN langfristigen, exklusiven Partner zu finden.

Selbst wenn man keine Kinder haben will, jedenfalls NICHT SOFORT, hat man vielleicht trotzdem diesen Gedanken:

Wir müssen uns kennenlernen

ein paar Jahre „Spaß haben"

dann will ich vielleicht 2-3 Kinder im Abstand von ein paar Jahren

und man weiß ja nie, wie lange es dauert, bis man schwanger wird, oder ob es überhaupt funktioniert?

... das bedeutet also, dass man die WAHNSINNIG tiefe wahre Liebe rechtzeitig finden muss.

Dass Frauen öfter eine exklusive Beziehung haben wollen als Männer, beruht also Illouz zufolge NICHT darauf, dass Frauen Männer so unglaublich lieben würden, oder dass Frauen Männer mehr lieben würden als Männer Frauen, sondern es liegt daran, dass Frauen die gesellschaftliche Rolle übernommen haben, Kinder haben zu wollen.*

Ach so, ihr seid also VOLL DAMIT BESCHÄFTIGT, NICHT auf unsere SMS zu antworten

– aber wenn wir das auch so machen würden

– WIE SOLLEN DANN ÜBERHAUPT NOCH KINDER GEBOREN WERDEN?

Dann übernehmen wir wohl also DIE GESELLSCHAFTLICHE ROLLE, Kinder haben zu WOLLEN.**

* Es gibt allerdings auch andere Strategien: zum Beispiel Kinder mit einem Kumpel oder alleine zu bekommen.

* Illouz, S. 147

** Außerdem sind Babys objektiv betrachtet megacool und steigern die Lebensqualität, ha ha.

Dass Frauen mehr Stress haben, jemanden zu finden und Kinder zu bekommen, beruht selbstverständlich auch darauf, dass FRAUEN AUS BIOLOGISCHEN GRÜNDEN **NICHT SO LANGE FRUCHTBAR SIND WIE MÄNNER.**

Heutzutage dauern Schule und Ausbildung für Frauen viel länger, weshalb sie viel weniger Zeit zum Kinderkriegen haben als Frauen vor den 1960er Jahren.*

* Illouz, S. 147

Männer haben die Möglichkeit, viel länger zu warten, und außerdem ein angesehenes Leben OHNE Kinder zu führen – da der neue Typ erfolgreicher Männlichkeit nicht notwendigerweise vieler Erben bedarf.

Eine „erfolgreiche", angesehene Weiblichkeit ist jedoch an die Mutterschaft gekoppelt.

# Fans jubeln über dieses Foto von Cameron Diaz

Vergangenen Sommer berichteten wir über die Beziehungskrise zwischen Schauspielerin **Cameron Diaz**, 45, und ihrem Mann, dem Good Charlotte-Gitarristen **Benji Madden**, 38, mit dem sie seit drei Jahren verheiratet ist. Der Ehekrach soll sich um die Kinderlosigkeit des Paares gedreht haben.

– Sie weiß, wie sehr sich Benji Kinder wünscht, also ist sie frustriert und fühlt sich wie eine Versagerin, erläuterte eine Quelle und führte aus, dass Diaz' Stress über die ausbleibende Schwangerschaft sich auf die Beziehung ausgewirkt hat.

Hänt Extra 8. Januar 2018

Außerdem schreibt das heutige kulturelle Paarbildungsgebot Frauen überwiegend HOMOGAMIE oder HYPERGAMIE vor – das bedeutet, sie kommen zumeist mit einem Partner zusammen, der ungefähr den gleichen oder höheren sozialen Status wie sie selbst hat und älter ist als sie.* (Das muss nicht Schulbildung oder Geld betreffen, nur eine Art von Status innerhalb einer Gruppe.)**

Die männliche Paarbildungsstrategie ist jedoch, dass sie AUCH mit Frauen zusammen sein können, die jünger, schlechter ausgebildet und weniger wohlhabend sind.***

** Inzwischen sind Studien erschienen, die zeigen, dass Frauen doch mit Männern mit geringerer Schulbildung zusammen sind; also ist es möglich, dass sich das gerade ändert! (Wold, Agnes: Kvinnor gifter sig visst med lägre utbildade [Frauen heiraten doch Männer mit geringerer Schulbildung], Göteborgs-Posten, 22. November 2018.

* Illouz, S. 151

*** Illouz, S. 152–153

Da das Bildungsniveau von Frauen beständig ansteigt, gibt es eine größere Zahl Frauen aus der Mittel- und Oberschicht, die um die gleiche Gruppe von Männern mit hohem Einkommen und Schulbildung (oder einer anderen Form von Sozialprestige) konkurrieren.

Dass Männer sich auch jüngere Partnerinnen mit geringerer Schulbildung und geringerem Einkommen suchen können, bedeutet, dass sie ganz einfach eine größere Auswahl haben.*

* Illouz, S. 152–153

Eine andere Gruppe, die in diesem Schema außen vor bleibt, sind junge Männer mit geringer Schulbildung, die also um gleichaltrige Frauen mit 40–50-jährigen Männern konkurrieren, die sich allerdings, im Gegensatz zu ihnen, bereits allenthalben Status und Kapital erarbeitet haben.

Allerdings ist die Lage von Incels EIN BISSCHEN besser als die von 37-jährigen Frauen mit hoher Schulbildung und Kinderwunsch – Incels haben zumindest die THEORETISCHE MÖGLICHKEIT, Kapital und Status zu erwerben und so ihren Marktwert zu steigern.

Ihr könnt euch ja weiterbilden und irgendwie Geld verdienen und in etwa fünf Jahren könnt ihr in Frauen BADEN, die mit euch Kinder haben wollen.

Leider haben wir dafür keine Zeit, weil wir völlig ausgelastet sind, „Hure" in Kommentarspalten zu posten.

… Frauen hingegen, deren Status, Kapital und Alter sich erhöht, werden

**FÜR MÄNNER IMMER WENIGER ATTRAKTIV**

(grobe Verallgemeinerung, ich weiß! Sorry!).

Theoretisch **KÖNNTEN** sich auch ältere Frauen mit hohem Schulabschluss und Einkommen mit jüngeren Männern treffen! Und eigentlich spricht nichts dagegen, dass sie sich mit dieser Gruppe zusammentun. Historisch gesehen ist es eigentlich kein Problem; im vormodernen Europa wurden 25 % aller Ehen zwischen älteren Frauen und jüngeren Männern arrangiert und es galt als attraktiv, wenn eine Frau in ihren 30ern es zu etwas Geld und Besitz gebracht hatte.* Allerdings sind **KINDER** ein Problem, da Frauen die gesellschaftliche Rolle übernommen haben, Kinder kriegen zu wollen (und objektiv gesprochen erhöhen Babys die Lebensqualität und sind megasüß); also ist es vielleicht für eine 35-jährige Frau schwer, mit einem 22-jährigen Mann zusammen zu sein, weil er noch keine Kinder haben will?? (Vielleicht!! Sorry für all die groben Verallgemeinerungen in diesem Comic, die die Milliarden individueller Unterschiede nicht berücksichtigen.)

* Illouz, S. 148

**Ja, ja, wie dem auch sei!!! Illouz meint, dass DIE HEUTIGE SITUATION DIE FRAUEN STRUKTURELL BENACHTEILIGT: aufgrund des zeitlichen Aspekts und der demografischen Faktoren muss die Partnerwahl in einem begrenzten Zeitrahmen erfolgen, was ein Gefühl schwindender Wahlmöglichkeiten und Zeitdruck hervorruft.** (Illouz, S. 148)

INFOLGEDESSEN BRINGEN FRAUEN IHRE GEFÜHLE FRÜHER UND NACHDRÜCKLICHER ZUM AUSDRUCK ALS MÄNNER. (Illouz, S. 149)

Es ist seitens der Männer eine **NEUE FORM EMOTIONALER HERRSCHAFT** entstanden – die sich darin äußert, dass **FRAUEN EMOTIONAL VERFÜGBAR SIND** – während **MÄNNER SICH NICHT BINDEN WOLLEN** – da sich die Bedingungen der Wahl verändert haben.*

* Illouz, S. 198

Aus diesem Grund (da nämlich Männer gegenüber Frauen aufgrund deren Sehnsucht nach einer partnerschaftlichen Bindung einen emotionalen Vorteil haben) **MÜSSEN FRAUEN IHR BEGEHREN VERSCHWEIGEN**

**UND DIE DISTANZIERTHEIT DER MÄNNER UND IHREN DRANG NACH AUTONOMIE IMITIEREN.***

* Illouz, S. 254

**DAS VERHALTEN DER MÄNNER* HAT NÄMLICH MEHR PRESTIGE ALS DAS VERHALTEN DER FRAUEN:**

*ich weiß!! Nicht alle Männer!! Und nicht alle Frauen!!

Im Serien-Klassiker Sex and the City gibt es eine Figur mit solch einer klassisch männlichen, seriellen Sexualität: Samantha, die sich nicht binden will, hohen Status hat und cool ist

– während Charlotte, die sich nach Ehe und Kindern sehnt, als tussig dargestellt wird.

Das hat natürlich damit zu tun, dass männliche Verhaltensmuster tendenziell einen höheren Status haben als das Verhalten von Frauen.

Als Frauen begannen, Medizin zu studieren, sanken Status und Verdienst in diesem Berufsfeld –

– und auf die gleiche Weise ist der Status des gefühlsmäßig extrovertierten Mannes des 19. Jahrhunderts, der sich binden und eine Familie gründen will, GESUNKEN, da dies in unserer heutigen Zeit als „weibliches" Verhalten codiert ist.

**Eine Art, wie Frauen in Beziehungen Macht erlangen können, besteht daher darin, sich EBENFALLS emotional distanziert zu geben und sich zudem eine serielle Sexualität anzueignen.**

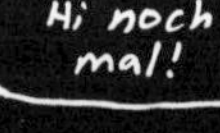

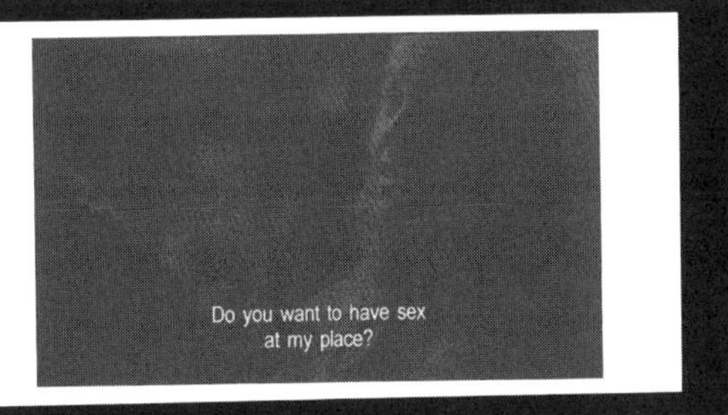
„Coole" Frauen mit hohem Status in der Popkultur sind – außer dass sie ihr Prestige durch ein anderes männlich codiertes Verhalten erlangt haben, z. B. als Computerhackerinnen – zudem EMOTIONAL DISTANZIERT, praktizieren eine serielle Sexualität und scheren sich nicht drum.
Do you want to have sex at my place?

Es ist schwer, sich in der Popkultur eine coole Frauenfigur mit hohen Status vorzustellen, die sich von ihrer Sehnsucht nach emotionaler Exklusivität leiten lässt.
Willst du mich heiraten?
Hä? Wir kennen uns doch gar nicht?
POLIZEI
Na und? Hast du etwa Schiss?!

Eine Art sexy, brutale Polizistin mit einem mysteriösen Geheimnis …
… ihr Geheimnis ist, dass sie sich VOLL DEN STRESS macht, ob sie noch schwanger wird, bevor sie 35 ist.
POLIZEI
ihr freundlicher Kollege
ICH SCHIESSE - HÖREN SIE??!
Um Himmels Willen, beruhige dich doch, das ist nur ein 8-jähriger Ladendieb!
Das Einzige, was ich wirklich will, ist ein Baby.
POLIZEI
Du Ärmste …

Sie war die mutigste, coolste Frau, die ich je getroffen habe – sie hat mir KEINE SEKUNDE etwas vorgemacht, sondern DIREKT gesagt, dass sie die TIEFE, BIOLOGISCHE Sehnsucht verspürt, so schnell wie möglich schwanger zu werden!!
WOW! Warum treffe ich nie so eine coole Frau??!!
Meine Freundin ist total unterdrückt und feige und imitiert völlig passiv männliche Verhaltensweisen zur Steigerung ihres Sozialprestiges, indem sie ihren Wunsch nach einer tiefen, exklusiven emotionalen Bindung verschweigt!
Fehlende popkulturelle Figur!!
Die beinharte, supercoole Computerhackerin/Mordkommissarin mit Kinderwunsch!
Wie dem auch sei

Ein Beleg für die kulturelle Forderung, dass Frauen ihre Sehnsucht nach sexueller Exklusivität, wahrer Liebe und einer wahnsinnig tiefen, emotionalen Bindung verschleiern müssen, (weil es sie in den Augen der Männer unattraktiv macht) ist die Flut an Tipps und Ratgeber- und Selbsthilfeliteratur, die sich mit genau dieser Botschaft an Frauen richtet.

Schauen wir uns beispielsweise einmal diesen Artikel von Jessica Blake auf bolde.com an (einer Internetseite für weibliche Singles). Der Titel lautet folgendermaßen:

16 versteckte Signale, dass Sie klammern

Der Artikel will Frauen dabei helfen, gegenüber Männern ihre emotionale Zugänglichkeit zu verschleiern (weil emotionale Zugänglichkeit anscheinend als unattraktiv gilt). Was man zum Beispiel falsch machen kann, ist Folgendes:

**7. SIE SIND IMMER AN SEINER SEITE.**
Wenn Sie in einer Gruppe unterwegs sind, suchen Sie immer seine Nähe. Sie setzen sich in Restaurants und im Kino neben ihn und beanspruchen auf der Rückfahrt in seinem Auto den Beifahrersitz. Wenn Sie immer in seinem Sichtfeld herumlungern, ist das problematisch. Das ist, als ob Sie ständig in seinen persönlichen Bereich eindringen.

**12. SIE ZEIGEN IHM IHRE GEFÜHLE.**
Einem Mann Ihre Gefühle zu gestehen, ist nicht gleich Klammern, aber es kommt darauf an, wie Sie es tun. Wenn Sie ihm lange Liebesbriefe schreiben und sie dann auf Facebook teilen, oder ihn einfach küssen, ohne zu wissen, ob er Ihre Gefühle erwidert, kann das überstürzt sein und verzweifelt wirken.

**13. SIE ARBEITEN DIE CHECKLISTE AB.**
Sie fragen ihn zuerst nach einem Date, sagen zuerst „Ich liebe dich“ und schlagen zuerst einen gemeinsamen Urlaub vor. Machen Sie langsam! Es wirkt so, als sei diese Beziehung das Allerwichtigste in Ihrem Leben. Geben Sie ihm hin und wieder die Möglichkeit, auch mal die Initiative zu ergreifen.

Mit der emotionalen Dominanz, mit der Männer privilegiert sind (wie ich gerade beschrieben habe) geht für Frauen die kulturelle Forderung einher, dass sie SO TUN SOLLEN, als seien sie nicht an einer engen Beziehung interessiert – MIT DEM ZIEL, trotzdem mit einem Mann zusammenzukommen.

Man muss aber nicht Sigmund Freud sein, um zu verstehen, dass die einzige Art, wie man mit jemandem zusammen sein und eine echte zwischenmenschliche Beziehung haben kann, ist, indem man dieser Person gegenüber EHRLICH IST – was bedeutet, dass all diese Ratschläge DIE CHANCEN AUF WAHRE LIEBE UNTERMINIEREN (und zwar für beide Seiten).

Möglicherweise ist das also auch der Grund, dass Leonardo DiCaprio sich nie in ein Bikini-Model verliebt und das Bikini-Model sich nie in ihn:

dass er nämlich emotional distanziert bleibt, um seinen männlichen Status zu behalten,

und sie (z. b. Toni Garrn) - um nämlich ihren Status zu behalten - seine distanzierte Haltung imitiert,

(weil diese nämlich das höhere Prestige hat)

und daher ihren Wunsch, sich zu binden und WAHRE LIEBE zu erleben, verschweigt.

(Alternativ dazu ist sie so jung, dass sie es akzeptabel findet, ein halbes Jahr lang planlos auf einem Citibike neben Leonardo DiCaprio herum zu strampeln, bis sie ernsthaft versucht, eine tiefe, exklusive emotionale Bindung zu einer anderen Person herzustellen)

Es MUSS aber nicht so sein. Es KÖNNTE so sein!! Sage ich.

Nur die Ruhe! →

Ich bin also nicht der Meinung, das sei „gut" oder „schlecht"! Ich sage nur, das Ergebnis ist:

BONUSMATERIAL!!!
SO GING ES WEITER!!!
Wir haben schließlich geheiratet und zwei Kinder bekommen!
Obwohl ich es mir zur „Aufgabe" gemacht habe, in unserer Beziehung immer „nein" zu sagen und jedem neuen Schritt gegenüber negativ eingestellt zu sein!
Zum Beispiel habe ich „nein" dazu gesagt, dass wir zusammenziehen, „nein" dazu, dass wir ein Kind kriegen, „nein" dazu, dass wir noch ein Kind kriegen, etc. – AUSSERDEM zeige ich meiner Frau keine Zuneigung!
Und irgendwie SO kann ich emotional distanziert bleiben – und TROTZDEM mit ihr zusammen sein! Schlau, nicht?
Insgeheim bin ich allerdings total happy und zufrieden und mir geht es RICHTIG, RICHTIG GUT!
Mir. Auch.

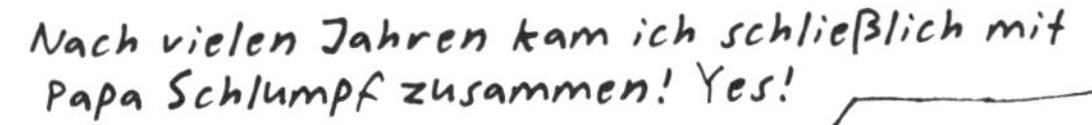
Nach vielen Jahren kam ich schließlich mit Papa Schlumpf zusammen! Yes!

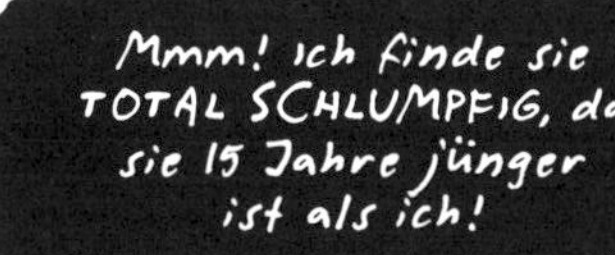
Mmm! Ich finde sie TOTAL SCHLUMPFIG, da sie 15 Jahre jünger ist als ich!

Ich kümmere mich also jetzt um sein Rheuma und seine Kinder im Teenageralter und höre mir Geschichten an, wie toll die 70er waren! Yes!

Ich warte immer noch darauf, dass Miraculix erwachsen wird und eine „richtige" Beziehung mit mir eingeht!
Und ich finde immer noch, dass ich SEEEHR viel Zeit für mich brauche!
Jeder weiß, dass man mindestens 10 000 Stunden hinter dem Zauberkessel stehen muss, um sich als Druide einen Namen zu machen!!!

Mindestens!!!

# 4. DIE ENTZAUBERUNG DER WELT

Im Jahr 1960 befindet sich die amerikanische Dichterin Hilda Doolittle (H.D.) in einem Sanatorium in Küsnacht in der Schweiz. Sie ist 74 Jahre alt.

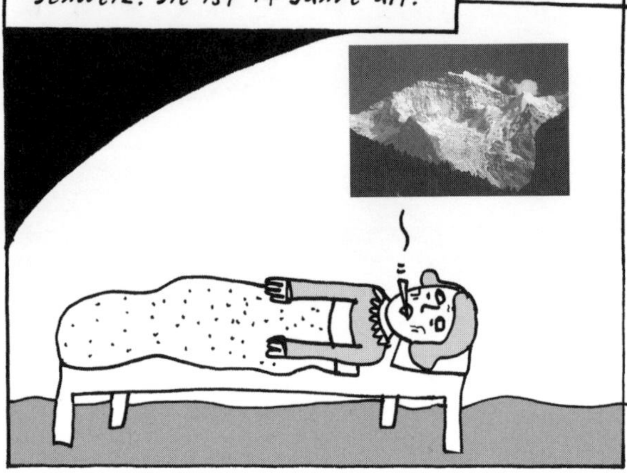

Im April kommt der Journalist Lionel Durand vorbei, Chef der Pariser Newsweek-Redaktion, um ein Interview mit ihr zu führen.

H.D. verliebt sich augenblicklich in Durand.

Sie schreibt folgendes Gedicht:

Warum kamst du,
störst meinen Lebensabend auf?
Ich bin alt (ich war alt, bis du kamst);

die röteste Rose entfaltet sich,
(wie lächerlich
zu dieser Zeit, an diesem Ort,

unziemlich, unmöglich,
geradezu skandalös),
die röteste Rose entfaltet sich;

(niemand kann es aufhalten,
keine in der Luft liegende Gefahr,

nicht einmal das Wetter,

das die Früchte unseres Sommers vernichtet),
die röteste Rose entfaltet sich,

(dem müssen sie
Rechnung tragen).

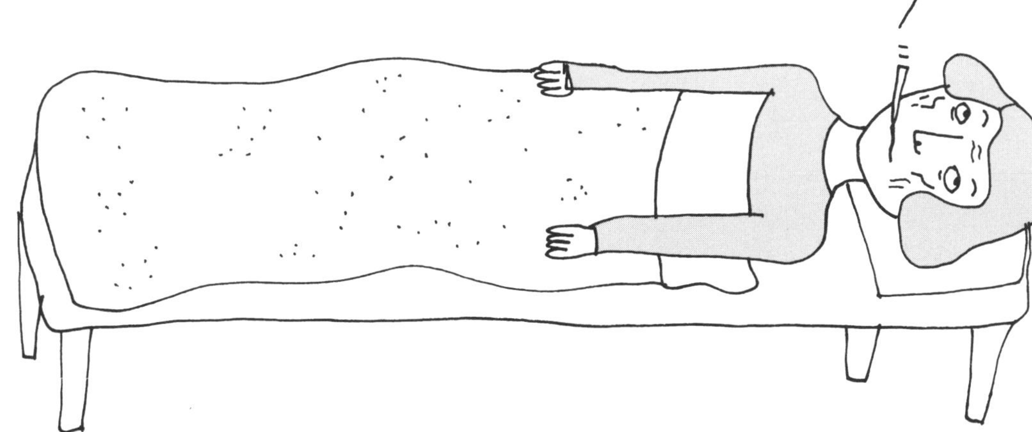

*Doolittle, Hilda: Hermetic Definition, New Directions 1972, S. 10

**Während ihres letzten Lebensjahres führt sie außerdem ein INTENSIVES Gefühlstagebuch. Sie nennt es „Diary of Durand."***

* Guest, Barbara: Herself Defined, the poet H.D and her world, Collins 1986, S. 332)

bist du es?
ist es eine donnernde Herde
junger Ochsen, Stiere?
ist es einer?

(...)

vollkommene Erniedrigung nun;
warst du jemals hier?
warst du jemals in diesem Raum?

(...)

warum kamst du nicht früher?
warum kamst du überhaupt?
warum kamst du,
meinen Lebensabend zu stören,

ich bin alt,
(ich war alt,
bis du kamst).*

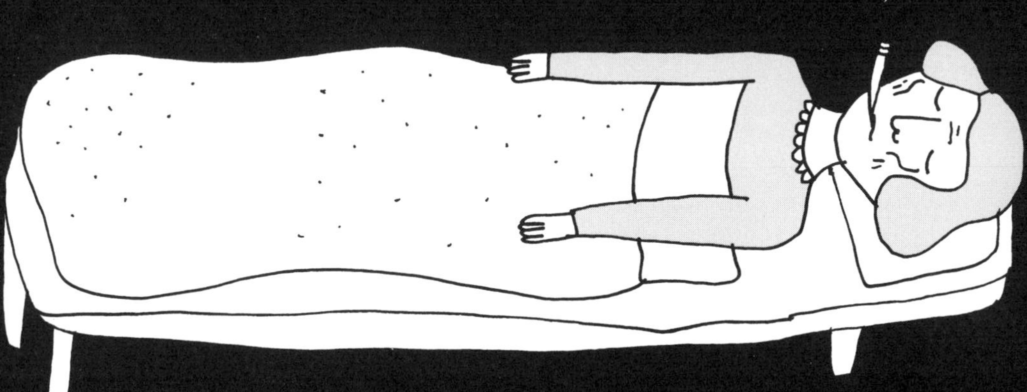

1961 stirbt Hilda Doolittle. Zeit ihres Lebens hatte sie jedoch ein GROSSES Talent, oder eine Neigung, für die Liebe.

H.D.
*1886
+1961

Auf ihrem persönlichen Exlibris standen sogar diese Worte:

Zuerst war sie mit Ezra Pound zusammen – als sie noch Teenagerin war. Sie stieß jedoch auf das klassische, alte Hetero-Problem – dass er eine Blume haben wollte und stattdessen eine Frucht bekam, wie Edith Södergran es ausdrückte. Pound sagte zu Doolittle:

Hilda – die selbstverständlich SOWOHL Dichterin als auch Gedicht war – verliebte sich stattdessen in ihre gemeinsame Freundin, die Kunststudentin Frances Gregg.* Doolittle sagte zu Gregg:

* www.poetryfoundation.org/poets/h-d

* Guest, Barbara: Herself Defined, the poet H.D and her world, Collins 1985, S.23

Doolittle war nämlich von der griechischen Mythologie BESESSEN und glaubte (anscheinend) TATSÄCHLICH an die griechischen Götter – und an alle Arten von Okkultismus und Mystizismus.
Doolittle und Gregg verbrachten eine leidenschaftliche Zeit zusammen, und obwohl beide heirateten, vergaß Doolittle Gregg ihr Leben lang nicht. (Guest, S. 23)

Meine absolute Lieblings-Liebesgeschichte von Doolittle ist jedoch die folgende: Um das Jahr 1920 hatte Doolittle gerade ein Baby bekommen –

All diese Männer ließen H.D. allerdings bei der Geburt des Babys allein.

Außerdem waren Doolittles Vater und Bruder gerade gestorben und sie selbst hatte eine doppelseitige Lungenentzündung nur knapp überlebt. Sie war also niedergeschlagen und allein mit ihrem winzigen Baby, dem sie den Namen Frances Perdita gab (Frances wie Frances Gregg natürlich).

Plötzlich taucht eine steinreiche Reeder-Tochter namens Bryher auf.

* Robinson, Janice S.: H.D. – The Life and Work of an American Poet. Houghton Mifflin 1982, S. 263

*Robinson, S. 263

* Robinson, S. 263

Da aber Doolittle UNGLAUBLICH schlecht allein zurechtkommt, gleichzeitig aber VÖLLIG von der griechischen Mythologie fasziniert ist – eine unglückliche Kombination –, sagt sie nichts und geht als ihre Freundin brav an Bord des Schiffs von Bryhers Vater, der Borodino.

Das wird sicher total toll!

BORODINO

AUF DER BORODINO EREIGNET SICH ETWAS, DAS H.D. SPÄTER ALS „OKKULTEN ZWISCHENFALL" BEZEICHNET UND IN IHREM SPÄTEREN LEBEN IMMER WIEDER LITERARISCH AUFGREIFT: IN BRIEFEN, GEDICHTEN, TEXTEN UND SOGAR ALS EIN HAUPTTHEMA IN IHREN ANALYTISCHEN SITZUNGEN MIT SIGMUND FREUD 15 JAHRE SPÄTER (initiiert und bezahlt wurde die Analyse natürlich von Bryher)

Passiert ist Folgendes: Auf dem Schiff befindet sich auch ein Architekt namens Peter van Eck.*

* Eigentlich heißt er Peter Rodeck, aber H.D. nennt ihn in ihren Texten „van Eck".

Doolittle schenkt ihm nicht viel Beachtung. Stattdessen besuchen sie und Bryher sobald das Schiff im Hafen anlegt einen archäologischen Fundort nach dem anderen und Doolittle verhält sich Bryher gegenüber loyal und korrekt.

Vielen Dank für alles, was du für mich tust, Bryher!!

* H.D.: Huldigung an Freud. Ullstein 1975, S. 172

Er hat die Brille abgenommen. Doolittle schreibt: „Seine Augen sind blauer, als ich gedacht hatte, es ist ein Nebelblau, Meerblau."*

* H.D.: Huldigung, S. 172

Genau wie in diesen amerikanischen College-Filmen, wenn der Bücherwurm seine Brille abnimmt, erkennt Doolittle plötzlich, dass van Eck total attraktiv ist.

„Er ist größer", schreibt Doolittle, und eine Narbe über seiner linken Augenbraue ist plötzlich unsichtbar, sie ist verschwunden.

Doolittle und van Eck unterhalten sich im Sonnenuntergang. Doolittle notiert: „Wir sahen Delfine."

„Ja, es gab Delfine."

„Zu den Delfinen stoßen weitere Delfine, sie bilden ein seltsam wenig überzeugendes Muster, springen in rhythmischer Folge wie Mondsicheln oder Halbmonde aus dem Wasser, fliegende oder tanzende Delfine."*

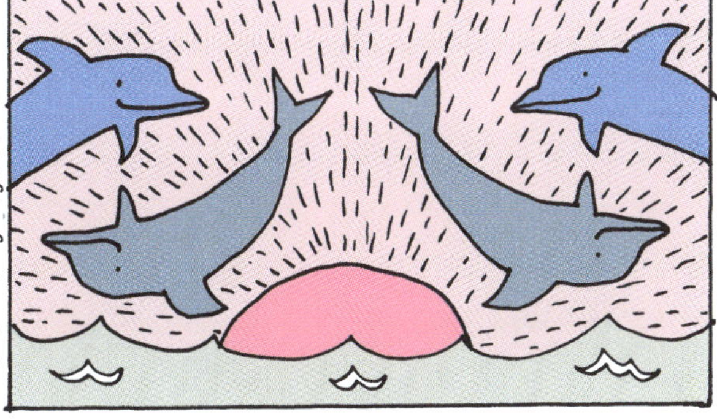

* H.D.: Huldigung, S. 173

* Guest, S. 124

* H.D.: Huldigung, S. 176

Die Tatsache, dass der Mann an Deck sehr viel attraktiver war als der normale Peter van Eck, sowie die Tatsache, dass auf dem Schiff niemand sonst Delfine gesehen hat, führt Doolittle zu der Erkenntnis:

Wie sie sich Jahre später in ihrer Therapie mit Sigmund Freud fragt:

Wo war ich, als Bryher mich nicht finden konnte?!*

* H.D.: Huldigung, S. 176

Dieses „übernatürliche Erlebnis" wird anschließend, wie bereits erwähnt, Doolittles großes Ding und sie ist für den Rest ihres Lebens praktisch davon besessen. Vielleicht auch weil es Bryher gegenüber besser klang als:

* Guest S. 260

Doolittle ist daraufhin auch von Peter van Eck besessen und auf seltsame Weise in ihn verliebt, was anscheinend nie richtig aufhört. Sie schreiben sich hin und wieder und treffen sich im Laufe der Jahre ein paar Mal (jedoch ohne, dass sie richtig zusammenkommen).*

Doolittle lebt übrigens den Rest ihres Lebens mit Bryher zusammen – über 40 Jahre – und Bryher hilft ihr bei der Erziehung ihrer Tochter und mit allem anderen: Sogar als sie sich trennen, an unterschiedlichen Orten wohnen, verschiedene Liebhaber/Liebhaberinnen haben, ist Bryher immer an Doolittles Seite

(Bryher verhilft zudem vielen Schriftsteller*innen und Jüd*innen zur Flucht aus Nazi-Deutschland UND schreibt außerdem selbst zahlreiche Bücher).

Wie dem auch sei! Literaturwissenschaftler*innen haben im Laufe der Zeit die folgende Frage diskutiert:

IST das, was Doolittle auf dem Schiff erlebt, 1) ein übernatürliches Phänomen – oder 2) ist sie einfach komplett verknallt in einen Typen, der ohne Brille extrem viel attraktiver ist?

aber – man kann das auch für das Gleiche halten: also dass sich zu verlieben etwas Übernatürliches/Mystisches/Unerklärliches ist.

Traditionell wurde die Liebe als etwas MAGISCHES und UNERGRÜNDLICHES gesehen. Etwas das außerhalb des menschlichen Verständnisses liegt.

ABER – in der Moderne – haben wir begonnen, die Welt auf wissenschaftliche, rationale Weise zu betrachten – was der Soziologe Max Weber als die „Entzauberung der Welt" bezeichnet.

Diese Verwissenschaftlichung der Welt ist Anlass für Milliarden von Forschungsartikeln über die Liebe und ihre Funktion:*

Einem Team von Wissenschaftler*innen um Dr. Helen Fischer an der Rutgers University zufolge lässt sich romantische Liebe in drei Phasen aufteilen: Begierde, Anziehung und Bindung. Jede dieser Phasen wird durch eine eigene Hormonkombination geprägt (Tabelle 1).

| Begierde | Anziehung | Bindung |
|---|---|---|
| Testosteron<br>Östrogen | Dopamin<br>Noradrenalin<br>Serotonin | Oxytocin<br>Vasopressin |

*14 februari 2017; SITN, Harvard university

Liebe wird nicht länger als rätselhafte Kraft verstanden, die auf – für uns – unbegreifliche Weise in unser Leben eingreift, sondern als etwas, was Expert*innen erklären können.

**Der Experte: So lange dauert die Verliebtheit**

Bei Menschen hält die Verliebtheit 1–2 Jahre an und basiert auf unseren Erwartungen – wenn sie erfüllt werden, werden wir belohnt, erklärt Ulf Ellervik, Professor für Chemie an der Universität Lund.

*Metro, 14. Mai 2016

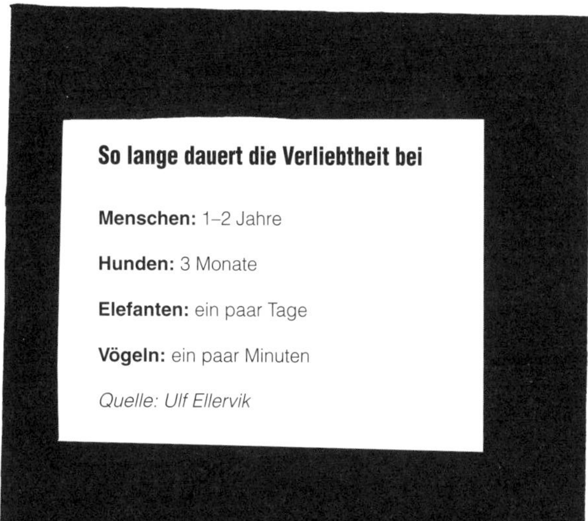

**So lange dauert die Verliebtheit bei**

**Menschen:** 1–2 Jahre

**Hunden:** 3 Monate

**Elefanten:** ein paar Tage

**Vögeln:** ein paar Minuten

*Quelle: Ulf Ellervik*

Die Ursache der Verliebtheit ist nicht Magie, sondern kann von einem Typ mit Uni-Abschluss ganz leicht entzaubert werden.

Dario Maestripieri Ph.D.
Die Spiele der Primaten

Was ist Liebe und woher kommt sie?

Vieles deutet darauf hin, dass die Evolutionsgeschichte der romantischen Liebe zwischen Menschen folgendermaßen verlaufen ist: Da das menschliche Gehirn sich vergrößerte und der Nachwuchs unselbstständiger wurde und länger gepflegt werden musste, wurde es sinnvoll, den Vater in die Brutpflege einzubinden. Es bedurfte eines Mechanismus, der Männer und Frauen motivierte, so lange zusammenzubleiben, bis die Kinder erwachsen waren.

*Psychology Today: The evolutionary history of love, 26. März 2012

Die Lösung: romantische Liebe und partnerschaftliche Bindung.*

Illouz kommentiert:

**DIESE ART VON FORSCHUNG FÜHRT DAZU, dass die mystische und spirituelle Auffassung der Liebe aus der Welt geschafft und durch eine neue Form von biologischem Materialismus ersetzt wird.**

Sie reduziert Gefühle auf bloße unfreiwillige chemische Reaktionen und das Erlebnis der Liebe auf eine physiologische Erfahrung OHNE HÖHERE BEDEUTUNG.*

* Illouz, S. 302

Auch das könnte als Erklärung dafür dienen, worum es in diesem Comic eigentlich geht: nämlich, warum die Liebe es nicht schafft, Leonardo DiCaprio zu verzaubern (oder uns).

Eva Illouz ist nämlich der Ansicht, dass mit der Rationalisierung von Liebesgefühl und -erlebnis eine Verringerung der emotionalen Intensität des Gefühls „Verliebtheit" und unseres Glaubens an die Liebe einhergeht.

Da wissenschaftliche Erklärungen, per definitionem, darauf abzielen, URSACHEN zu finden – verringern sie notwendigerweise alle Erlebnisse, die mit dem Gefühl von Einzigartigkeit, Unbeschreiblichkeit oder Irrationalität zu tun haben.*

* Illouz S. 234

Ungefähr so:

Wenn wir uns die Ursache dafür, dass die Begegnung mit Peter van Eck auf der Borodino H.D. so plötzlich den Kopf verdreht hat, aus evolutionsbiologischer Sicht anschauen, bedeutet das: Der Sinn dieser Verzauberung sei, die beiden zu motivieren, ein Kind zu zeugen und es gemeinsam aufzuziehen …

… und der Grund dafür, dass H.D. als Teenagerin von Frances Gregg besessen war, war, die beiden zu motivieren, ein Kind zu zeugen und es gemeinsam aufzuziehen –

… und der Grund, dass Doolittle sich als 74-jährige plötzlich Hals über Kopf in einen Newsweek-Journalisten verknallte, aus evolutionsbiologischer Sicht ebenfalls der ist, dass zwischen ihnen eine emotionale Bindung entstehen soll, die lange genug hält, dass die beiden sich gemeinsam um ihren Nachwuchs kümmern –

## WENN WIR ES SO BETRACHTEN:

Dann ist keines dieser Erlebnisse einzigartig, mystisch oder unbeschreiblich – und sie haben keine höhere Bedeutung, sondern sind Folge einer zufälligen Hormonausschüttung im Gehirn.

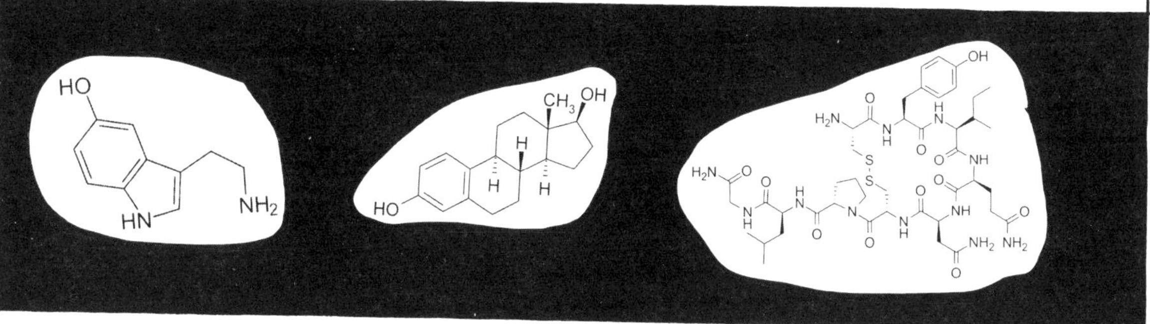

Das Verliebtheitsgefühl als blinde, evolutionsbiologische Kraft zu begreifen, die sich einem im Grunde genommen austauschbaren Objekt zuwendet, läuft der romantischen Vorstellung von Liebe VÖLLIG ZUWIDER,

bei der das Erlebnis ja gerade als EINZIGARTIG, das Liebesobjekt **IN KEINSTER WEISE AUSTAUSCHBAR** und das Gefühl selbst als **UNGLAUBLICH** bedeutsam empfunden wird: meant to be, schicksalhaft, suuuuperspeziell etc.

Außerdem reduziert die Wissenschaft die Liebe auf ein Epiphänomen – eine Nebenerscheinung – bei der die Liebe nicht die Hauptsache ist, sondern nur Mittel zum Zweck: den Erhalt der ART.

Illouz schreibt:

**Diese wissenschaftlichen Interpretationsrahmen ersetzen die traditionellen romantischen Liebeskonzeptionen nicht einfach, sondern konkurrieren mit ihnen und unterminieren sie letztlich.***

* Illouz, S. 304

Illouz verweist auf den Soziologen Nicholas Gane, der die These vertritt, dass NICHT-WISSENSCHAFTLICHE Erklärungen bisweilen wissenschaftlichen überlegen sein können, da sie ganzheitlicher sind und sich organischer zu der Totalität unserer Erfahrungen verhalten.*

Nichtwissenschaftliche Erklärungen können wissenschaftlichen überlegen sein,

weil sie ganzheitlicher und organischer mit der Totalität unserer Erfahrung verknüpft sind.

* Illouz, S. 305

Er ist der Ansicht, dass wissenschaftliche Erklärungen unserer Erfahrung uns sowohl kognitiv als auch emotional von dieser Erfahrung entfernen.*

* Illouz S. 235

Illouz schreibt:

**Wissenschaftliche Erklärungen lösen die sinnhafte Verbindung zwischen der romantischen Erfahrung und einer mystischen und irrational gedachten Liebe.**

**indem sie die Liebe zum Resultat vorgängiger unbewusster, chemischer und evolutionärer Mechanismen macht, untergräbt die Wissenschaft die Fähigkeit, die Liebe in eine Mythologie, eine transzendente Eigenmacht zu verwandeln.***

* Illouz, S. 305–306

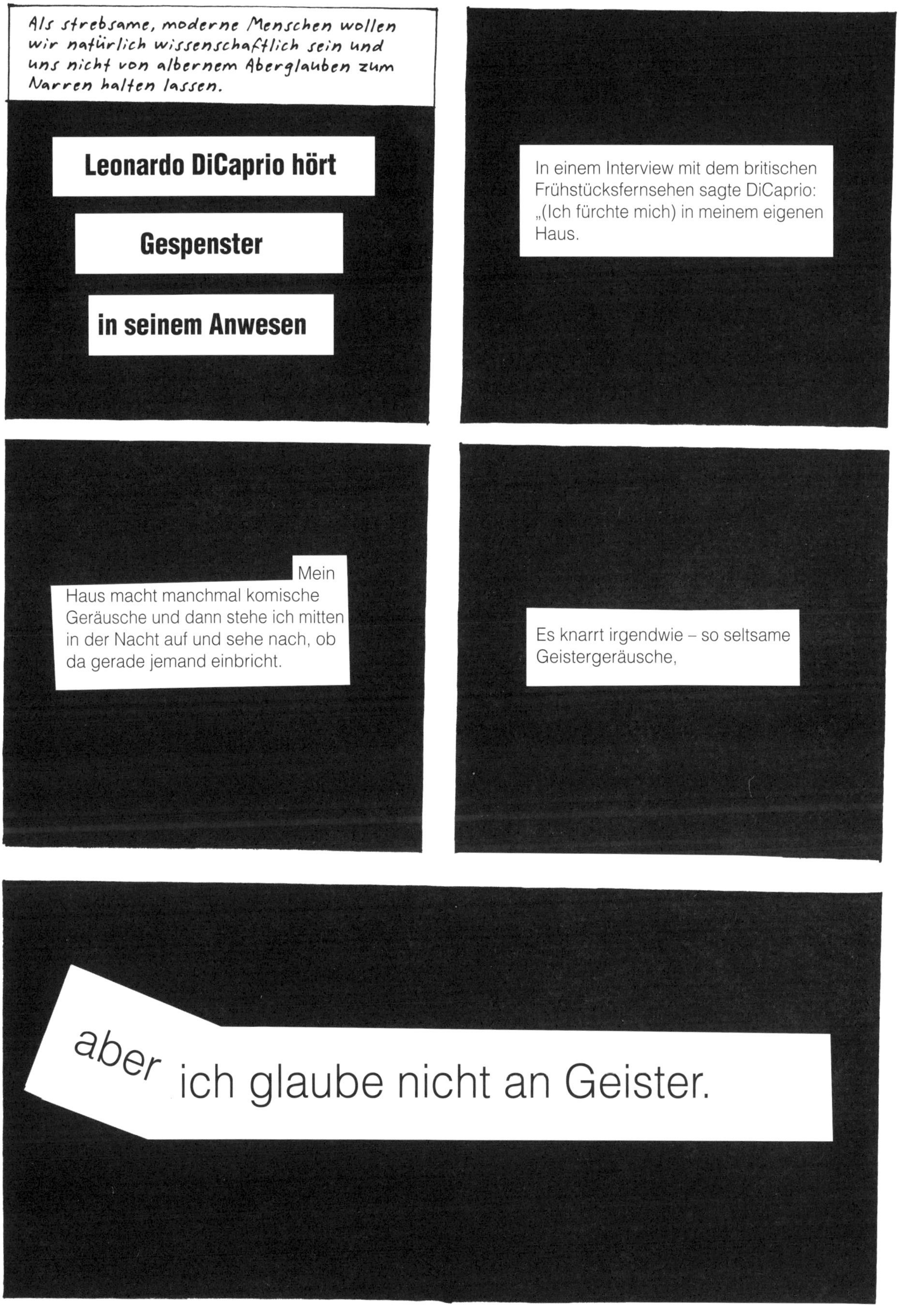

Als strebsame, moderne Menschen wollen wir natürlich wissenschaftlich sein und uns nicht von albernem Aberglauben zum Narren halten lassen.

**Leonardo DiCaprio hört**

**Gespenster**

**in seinem Anwesen**

In einem Interview mit dem britischen Frühstücksfernsehen sagte DiCaprio: „(Ich fürchte mich) in meinem eigenen Haus.

Mein Haus macht manchmal komische Geräusche und dann stehe ich mitten in der Nacht auf und sehe nach, ob da gerade jemand einbricht.

Es knarrt irgendwie – so seltsame Geistergeräusche,

aber ich glaube nicht an Geister.

Vielleicht liegt es am Wind

oder an der Bauweise.“*

* The Occult Section, 14. Januar 2014

Und ggf. könnte das auch der Grund sein, weshalb es SO SCHWER ZU GLAUBEN ist, dass die Ursache dafür, dass wenn Sie oder Leonardo DiCaprio sich vor Begehren nach dem polnischen Bikini-Model Ela Kawalec verzehren: komplett verknallt, weiche Knie –

– dass die Ursache hierfür ist, dass nämlich eine übernatürliche Kraft namens Liebe zugeschlagen hat, dass es meant to be ist, dass sich gerade mein geheimster Herzenswunsch erfüllt, weil Sie und ich zwei Puzzleteile sind, die sich magnetisch anziehen –

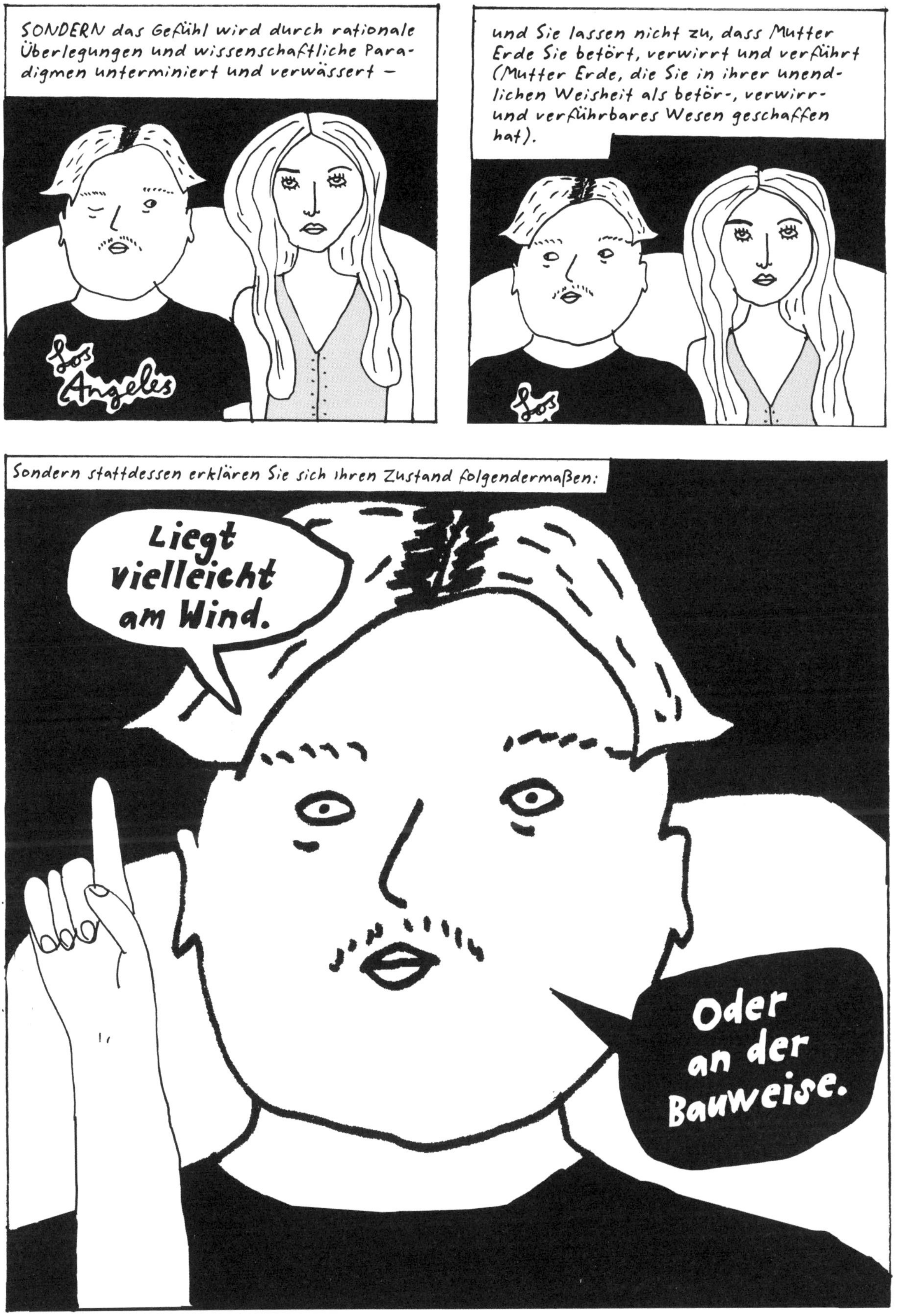

SONDERN das Gefühl wird durch rationale Überlegungen und wissenschaftliche Paradigmen unterminiert und verwässert –

Sondern stattdessen erklären Sie sich ihren Zustand folgendermaßen:

Liegt vielleicht am Wind.

Oder an der Bauweise.

Und jetzt!!! Die allerletzte Theorie!! Bleiben Sie dran!!

Ein Philosoph und Psychoanalytiker, der uns bereits in den 1950er Jahren bescheinigte, dass wir superschlecht lieben können, ist Erich Fromm.

Erichs Fromms These ist, dass wir alle den falschen Fokus haben: Leute versuchen in erster Linie GELIEBT ZU WERDEN, statt SELBST ZU LIEBEN.*

* Fromm, Erich: Die Kunst des Liebens. Ullstein 1993, S. 11

Aber statt uns darauf zu konzentrieren, wie wir uns begehrlich und attraktiv für andere machen, damit wir von ihnen Liebe ERHALTEN, oder statt nach „richtigen" oder „perfekten" Partner*innen zu suchen – sollten wir uns lieber darin üben, Liebe zu GEBEN, so Fromm.

* Fromm, S. 167

Und zwar, weil Liebe zu GEBEN Liebe erzeugt. Fromm schreibt:

* Fromm, S. 45 ** Fromm, S. 41

ALSO WIE BEIM KLEINEN PRINZEN:

Sie erinnern sich doch an den Kleinen Prinz aus Antoine de Saint-Exupérys Kinderbuchklassiker! Der Kleine Prinz liebt eine Rose …

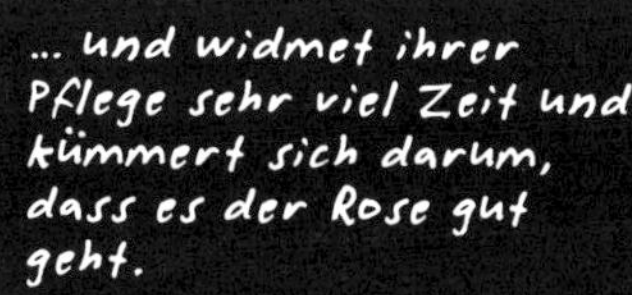

* de Saint-Exupéry, Antoine: Der kleine Prinz. Insel Verlag 2018, S. 76–77

**DER GRUND DAFÜR**, dass der kleine Prinz **GENAU DIESE** Rose liebt, ist, dass er genau dieser Rose **LIEBE SCHENKT**, was BEWIRKT, dass die anderen Rosen für ihn wertlos sind, und dass ein Gefühl für **EINE, SPEZIELLE ROSE** entsteht.

Indem er der Rose Liebe SCHENKT, verleiht er der Rose „Einzigartigkeit" – was, wenn wir uns an den Anfang dieses Comics erinnern, essenziell wichtig dafür ist, wie der oder die Liebende das Objekt der Liebe betrachtet: als unvergleichlich, einzigartig, ohnegleichen.

Fromm ist allerdings leider, wie gesagt, der Ansicht, dass wir uns heutzutage überhaupt nicht in der Kunst des Liebens üben, sondern uns stattdessen völlig darauf konzentrieren, wie WIR geliebt werden können. Fromm formuliert es so:

* Fromm, S. 12

Ein anderer, besonders von Frauen bevorzugter Weg ist der, durch Kosmetik, schöne Kleider und dergleichen möglichst attraktiv zu sein.*

* Fromm S. 13

ACHTUNG! Das wurde in den 50er Jahren geschrieben. Heute sind auch Männer zunehmend von ihrem Aussehen besessen!

Immer mehr Männer nehmen Botox

Dank der wunderbaren Fortschritte in Sachen Gleichstellung! Ha ha! Schnief!

Wie dem auch sei! Wo war ich? Ach ja – wir sind alle VÖLLIG davon besessen, erfolgreich und schön zu sein, damit wir Liebe erhalten, was nach Fromm **KEINESWEGS** auch dazu führt.

**Schwed*innen geben EU-weit am meisten für Hautpflege aus***

* svt.se, 5. April 2018

Auch die Schönheitschirurgie nimmt in den meisten Ländern zu, vor allem Eingriffe zur Hautkorrektur.

**Dermalfüller und kosmetische Unterspritzungen sind die wichtigsten Trends in der plastischen Chirurgie.**

Schnelle, natürlich aussehende Eingriffe sind angesagt, so die Chirurgen.

* Jenn Sinrich, Self.com, 12. April 2017

**Einige Forscher*innen vertreten die Ansicht, dass unser Gesichtsausdruck STARK mit unseren Empfindungen verknüpft ist.**

Dieser Theorie zufolge ist der Gesichtsausdruck DAS Kommunikationsmittel schlechthin, da minimale, subtile Veränderungen im Gesicht die direkteste Art darstellen, um andere über seinen seelischen Zustand zu informieren.

Es ist ganz einfach die elementarste Art, sich anderen gegenüber verständlich zu machen.

Einige Forscher*innen sind zudem der Ansicht, dass Bewegungen der Gesichtsmuskulatur und Gesichtshaut unsere EIGENEN emotionalen Erlebnisse beeinflussen.*

* Sonnby-Borgström, Marianne: Affekter, affektiv kommunikation och anknytningsmönster. Studentlitteratur 2015, S. 45

Da Hautinjektionen die subtile Mimik verändern, folgern manche Forscher*innen zum einen, dass hierdurch das eigene GEFÜHLSEMPFINDEN verringert werden kann* –

– und zum anderen, dass diese Menschen für andere natürlich schwerer zu verstehen sind – da man all diese subtilen Mikrobewegungen mit dem Gesicht nicht machen kann.

* Finzi, Eric: The face of emotion: How Botox affects our mood and relationships Palgrave Macmillan 2013

**Also ist die noch SPEKTAKULÄRER gescheiterte Folge des Versuchs, Liebe zu ERHALTEN, dass man sich durch einen schönheitschirurgischen Eingriff selbst aufzuhübschen* meint,**

**stattdessen aber im Gegenteil seine Möglichkeiten VERRINGERT, von einem anderen Menschen GESEHEN und VERSTANDEN zu werden, sowie seine eigenen Gefühle zu FÜHLEN.** Vielleicht! Ha, ha! Vielleicht habe ich gesagt, liebe Leser*innen, vielleicht, vielleicht!!!!

* auf diese Art

# WIE DEM AUCH SEI

Es so zu machen wie der Kleine Prinz und EINE Person zu lieben, statt die ganze Zeit durch die Gegend zu eiern und von fünftausend Rosen geliebt werden zu wollen,

oder bis in alle Ewigkeit nach der „richtigen" oder einer ein kleeeines bisschen besseren Rose zu suchen, bedeutet jedoch eins: die Fähigkeit, sich festzulegen und zum SCHLUSS zu kommen.

Aber manche Philosoph*innen meinen – surprise – dass wir, in der jetzigen spätkapitalistischen Epoche auch total schlecht darin geworden sind, Sachen abzuschließen und ein ENDE zu finden. Fromm schreibt:

(Im Kapitalismus) hat das Leben kein Ziel außer dem einen: voranzukommen –

... keinen Grundsatz außer dem einen: ein faires Tauschgeschäft zu machen –

... und keine Befriedigung außer der einen: zu konsumieren.*

* Fromm, S. 159

Byung-Chul Han ist der Ansicht,

dass die bloße Addition und Akkumulation im Kapitalismus uns

**die Fähigkeit nimmt, ZUM SCHLUSS ZU KOMMEN**

**Der ultimative Schluss ist natürlich der TOD, und darin sind wir und unsere Kultur richtig, RICHTIG KRASS SCHLECHT.**

**Vielleicht war es schon immer so, dass die Menschen schlecht im Sterben waren, aber es fühlt sich so an, als ob wir heute, genau jetzt, historisch BEISPIELLOS schlecht im Sterben sind.**

Ein Beispiel dafür, wie wir den Tod verdrängen, ist natürlich, dass wir versuchen, unser Altern zu verschleiern. Ein weiteres Beispiel könnte sein, dass diejenigen, die die Möglichkeit dazu haben, sich immer wieder neue Partner*innen suchen. Ein drittes Beispiel ist unsere TOTALE FETISCHISIERUNG von „Gesundheit".

Ist „Gesundheit" vielleicht das EINZIGE, das Menschen noch interessiert?

Byung-Chul Han befasst sich mit dem heutigen Unvermögen, zu sterben, und nimmt Hegels Herren-Knecht-Dialektik auf. Er schreibt:

„Hegels Dialektik von Herr und Knecht beschreibt einen Kampf auf Leben und Tod. Derjenige, der sich später als Herr erweist, fürchtet den Tod nicht."

„Sein Begehren nach Freiheit, Anerkennung und Souveränität erhebt ihn über die Sorge um das bloße Leben."

(„Das bloße Leben" ist ein philosophischer Begriff, der in etwa bedeutet, dass man „einfach nur am Leben ist": es spielt keine Rolle, ob es sich um ein gutes oder ein schlechtes Leben handelt, man will einfach nur Schmerzen vermeiden und Genuss erlangen.)

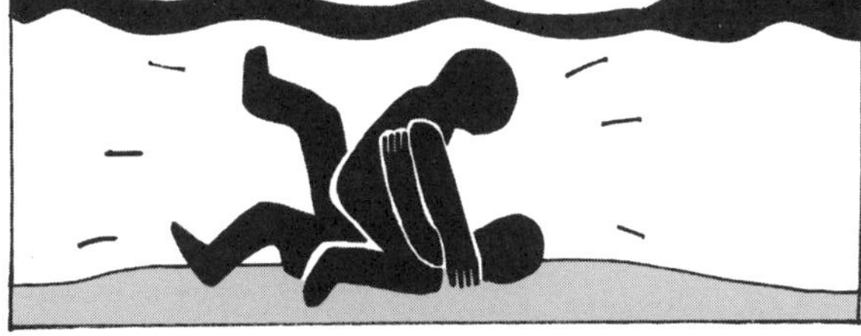

Han weiter:

„Es ist die Furcht vor dem Tod, die den künftigen Knecht dazu bringt, sich dem Anderen zu unterwerfen. Er zieht die Knechtschaft dem drohenden Tod vor. Er klammert sich an **das bloße Leben.**"

„Nicht die physische Überlegenheit einer Partei bestimmt den Ausgang des Kampfes. Entscheidend ist vielmehr die ‚Fähigkeit des Todes'. Wer die Freiheit zum Tod nicht hat, wagt sein Leben nicht."

„Statt ‚mit sich selbst bis auf den Tod zu gehen', bleibt er ‚an sich selbst innerhalb des Todes stehen'. Er wagt sich nicht zum Tod. So wird er Knecht und arbeitet."*

*Han, S. 28–29

Byung-Chul Han vertritt die Ansicht, dass das heutige Leistungssubjekt dem Hegelschen Knecht gleicht, außer dass wir nicht für einen Herrn arbeiten, sondern uns selbst freiwillig ausbeuten.

Er schreibt: „Wir befinden uns heute im geschichtlichen Stadium, in dem Knecht und Herr eine Einheit bilden."*

*Han, S. 30

Er führt aus:

**„DER KAPITALISMUS VERABSOLUTIERT DAS BLOSSE LEBEN.**

**Das GUTE Leben ist nicht sein Telos.**

**Sein Akkumulations- und Wachstumszwang wendet sich gerade gegen den Tod, der ihm als absoluter Verlust erscheint."***

*Han S. 31

* Han S. 33

* Han S. 34

* Han S. 34

Aber, wie Byung-Chul Han konstatiert:

DIE LIEBE IST EIN ABSOLUTER SCHLUSS.

Sie ist absolut, weil sie den Tod, die Preisgabe des Selbst voraussetzt.*

* Han S. 33

* Han S. 33

Er zitiert den französischen Philosophen Georges Bataille (1897–1962) mit den Worten:

Es gibt keine Liebe, wenn sie in uns nicht wie der Tod ist.*

* Bataille, George: Die Erotik. Matthes & Seitz 1994, S. 234

Und so kommen wir zurück zur Frage, warum Leonardo DiCaprio sich nicht EINE Freundin aussucht,

warum er sich nicht an die Lebensweisheit des sufischen Dichters Rumi aus einem Gedicht aus dem 13. Jahrhundert hält ↗

* Rumi: „The seed market", in: The Essential Rumi. Harper Collins 2004, S. 153

Und sich für jemanden zu entscheiden oder jemandem Treue zu geloben – beispielsweise Nina Agdal –, ist wie sterben.

Aber wir schaffen es nicht, zu sterben. Und deshalb befinden wir uns in dieser Uneindeutigkeit, in der alles zusammenfließt und nichts jemals beginnt oder endet,

sondern das Leben eher eine lange, lange, nicht enden wollende Fahrradtour mit verschiedenen Menschen ist, die beruflich Schwimmkleidung präsentieren.

Byung-Chul Han schreibt:

EINE LIEBESERKLÄRUNG IST EIN VERSPRECHEN, EINE SCHLUSSFORM, EINE ABSOLUTE, JA EINE ERHABENE,

DIE DIE BLOSSE ADDITION UND AKKUMULATION DER KAPITALISTISCHEN ÖKONOMIE TRANSZENDIERT.

SIE BRINGT EINE DAUER, EINE LICHTUNG IN DER ZEIT HERVOR.

DIE TREUE IST SELBST EINE SCHLUSSFORM, DIE EINE EWIGKEIT IN DER ZEIT EINFÜHRT.

SIE IST DER EINSCHLUSS DER EWIGKEIT IN DER ZEIT.*

*Han S. 38

·~· Ende ~·

# EIN NEUES

# IN NUR EINER MINUTE

Die Sängerin Beyoncé hatte mal einen Hit mit dem Titel „Irreplaceable“.

In diesem Lied geht es um ein Paar, bei dem die Frau herausfindet, dass ihr Mann eine Affäre hat, und ihn deshalb auffordert, seine Sachen zu packen und das Haus zu verlassen.

Das Lied wurde von einem Haufen norwegischer Typen namens Espen und Kettil oder so* geschrieben, und verkaufte sich ca. eine zillion Mal.

*Mikkel S. Eriksen, Amund Bjørklund, Beyoncé Knowles, Espen Lind, Tor Erik Hermansen, Shaffer Smith.

I could have another you in a minute
Matter fact he'll be here in a minute, baby

Because you was untrue
Rolling her around in the car I bought you

So don't you ever for a second get to thinking you're irreplaceable

Baby I won't shed a tear for you
I won't lose a wink of sleep

Cause the truth of the matter is...

... replacing you is so easy

Man kann das Lied als Hymne für eine Art Liebeseinstellung verstehen oder als eine Verhaltensempfehlung (insbesondere für Frauen), die heutzutage häufig vorkommt und so ziemlich überall zu Markte getragen wird: in Büchern, Liedern, Filmen.

Es ist eine Art Self-Empowerment-Feminismus, der es sich zum Ziel gesetzt hat, Frauen zu erziehen und dahingehend zu beeinflussen, dass sie anders denken und agieren, damit sie 1) frei sein können und 2) glückliche Liebe erfahren können.

Nennen wir sie die „Ein neues Du in nur einer Minute"-Doktrin, oder so.

Diese Doktrin oder dieses Verständnis von Liebe enthält verschiedene Elemente, zum Beispiel:

Aber **KANN** dieses Self-Empowerment-Ideal, diese „Ein neues Du in nur einer Minute"-Doktrin **HALTEN**, was sie verspricht – also:

**KANN JEMAND, DER AUF DIESE ART UND WEISE AGIERT, GLÜCKLICHE LIEBE FINDEN?????????**

Wenn wir uns einmal damit befassen, wie das ENTSTEHEN VON LIEBE DARGESTELLT WIRD:

Die Vorstellung von Liebe, die in diesem Lied präsentiert wird, läuft darauf hinaus, dass das ICH SELBST BESTIMMEN KANN, wann die Liebe zu einer anderen Person entsteht und endet:

Wenn das Du das Ich schlecht behandelt, kann das Ich selbst bestimmen, das Du nicht länger zu lieben, und sich stattdessen in jemand anderen zu verlieben.

Im Unterschied dazu wurde – z. B. im antiken Griechenland – die Liebe als Gottheit verehrt, personifiziert durch Aphrodite und ihren Sohn Eros – und es war GÖTTLICHE Bestimmung, wenn Liebe und Begehren entstanden und endeten.

Einige der ältesten erhaltenen Texte der Menschheitsgeschichte sind in der Tat Gebete und Hymnen an Aphrodite, geschrieben von Sappho. Sappho lebte auf Lesbos unter jungen Frauen und sang ihre Hymnen an Aphrodite zu Lyra-Begleitung.

In Sapphos „Hymne an Aphrodite" trägt sie der Göttin ihr Gebet vor, und diese sagt (über eine junge Frau, die Sappho begehrt):

* Schadewaldt, Wolfgang: Sappho. Welt und Dichtung. Dasein in der Liebe. Potsdam 1950

Die junge Frau aus dem Gedicht kann keineswegs selbst bestimmen, sondern wird von einer göttlichen Kraft zur Liebe gezwungen, gegen ihren Willen.

Die Göttin ist (wie andere griechische Gottheiten) ÜBER GUT UND BÖSE ERHABEN

- SIE IST WUNDE UND HEILMITTEL IN EINEM.

Vor einer so enormen zerstörerischen/erbaulichen Kraft wie der Liebe waren die Menschen machtlos – es gab nichts, was man als Mensch tun konnte; die Kraft der Liebesgöttin war unkontrollierbar.
Was Aphrodites Anbeter*innen wollten, war, die Göttin zu besänftigen und ihren Beistand zu erwirken, ihr zu huldigen, sie zu preisen und sich ihr zu unterwerfen.
Wir danken unserem guten Stern.
Erbarme dich meiner und bewahre mich vor widrigem Schicksal!
Strahlende, mächtige, allwissende Göttin – steh mir bei!

**Man muss selbstverständlich nicht bis in die Antike zurück, um diese Vorstellung anzutreffen:**

**– dass es sich bei der Liebe um eine unerklärliche und unberechenbare Kraft handelt, der wir Menschen uns fügen müssen.**

* Kierkegaard, Sören: Stadien auf des Lebens Weg. Gütersloher Verlagshaus 1982, S. 36–37

Was diese Self-Empowerment-Sicht auf die Liebe (dieser norwegischen Typen und ihres Sprachrohrs Beyoncé) **BEWIRKT**, ist, dass man **SICH SELBST** zur Göttin erhebt – das **ICH** hat alles in der Hand.

BYUNG-CHUL HAN IST NÄMLICH DER ANSICHT, DASS GENAU DAS FÜR DIESE UNSERE SPÄTKAPITALISTISCHE GESELLSCHAFT BEZEICHNEND IST: DASS WIR IN EINER LEISTUNGS-GESELLSCHAFT LEBEN.

Byung-Chul Han vertritt die These, dass der Übergang des Kapitalismus von einer „sollen"-Gesellschaft zu einer „können"-Gesellschaft **NICHT** daher kam, dass das Volk es so wollte und es den Freiheitsgrad erhöhte – sondern dass es sich hierbei um eine NOCH BESSERE ART handelt, die Menschen zu disziplinieren und auszubeuten.*

* Han, S. 15

**Han zufolge handelt es sich also um ein Mittel zu Produktivitätssteigerung, da Motivation, Initiative und Projekte viel effektiver sind als Peitsche und Befehle:**

In der Disziplinargesellschaft, so Han, gab es allerdings die Möglichkeit der Gnade oder des Schuldenerlasses, wenn man es nicht schaffte, die „Bürde" zu tragen.

Aber während es in der Disziplinargesellschaft Schuld und Entschuldung gab, gibt es in der Leistungsgesellschaft **NUR VERSCHULDUNG:***

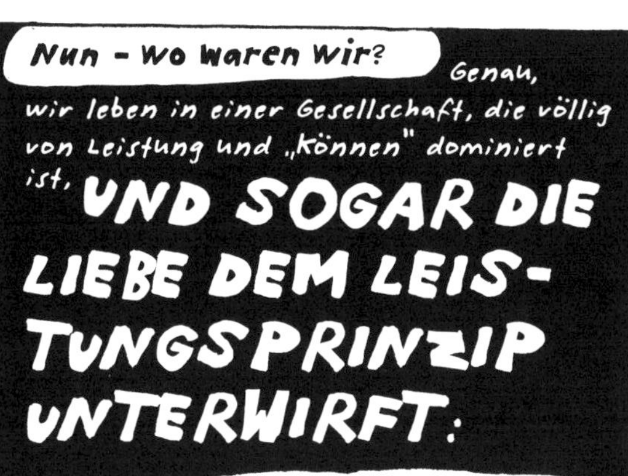


DAS KANN ZU DEM GEFÜHL FÜHREN, DASS ES DEINE EIGENE SCHULD IST, WENN DU IN LIEBESDINGEN NICHT „ERFOLGREICH" BIST.

Anstatt dass man, wie in der Prä-Leistungsgesellschaft, bei Liebesschmerz als Opfer eines widrigen Schicksals gesehen wurde –

– ist es heutzutage, in der therapeutischen Leistungskultur so, dass Menschen, die z. B. enttäuscht, betrogen oder nie von jemandem „erwählt" wurden, sich oft selbst dafür verantwortlich machen:

Mein Freund geht fremd!

Oh nein,

ICH habe mir den falschen Mann gesucht, und zwar aufgrund eines destruktiven Kindheitsmusters, das ich noch nicht „verarbeitet" habe.

Mein Glück ist von meinem Freund abhängig,

und zwar liegt das AN MEINEM GERINGEN SELBSTWERTGEFÜHL.

Irgendwas fühlt sich nicht gesund und normal an.

MODERNE FRAUEN

Illouz schreibt darüber:

WENN JEMAND PECH IN DER LIEBE HAT ODER WENN EINE BEZIEHUNG „SCHEITERT" – EMPFINDET DIESE PERSON NICHT **NUR** EMOTIONALEN SCHMERZ, SONDERN „IN DIESER DARSTELLUNG IST DAS ELEMENTARE SELBSTGEFÜHL ERNSTHAFT GEFÄHRDET."*

(* Illouz, S. 268)

BYUNG-CHUL HAN IST ZUDEM DER ANSICHT, DASS ES SICH BEI DER LIEBE UM EIN PHÄNOMEN HANDELT, DAS MIT DEM LEISTUNGSPRINZIP NICHT ZUSAMMENGEHEN **KANN.** ER SCHREIBT:

* Han, S. 18

Sich zu verlieben ist in gewisser Hinsicht DAS GEGENTEIL einer Leistung – sich zu verlieben ist eher ein **SCHEITERN** (in den Augen der Leistungsgesellschaft), die **KAPITULATION VOR ETWAS** – das Sichfügen.

* Han S. 22

Sich zu verlieben bedeutet ja, dass man völlig machtlos ist, ohne Arme und Beine, sozusagen wie Dönerfleisch, das sich in einer fettigen Imbissbude immer im Kreis dreht, **ZU NICHTS FÄHIG** außer **GEGRILLT ZU WERDEN**, hilflos, man **KANN** nichts mehr, man **ist** einfach eine Art Ort, ein Ort, der einen Wunsch beherbergt, einen einzigen Wunsch, und zwar, einem blöden Typen namens Kevin (oder so) **NAH** zu sein.

Unter diesem Gesichtspunkt ist also die „Ein neues Du in nur einer Minute"-Doktrin – die Vorstellung, dass du selbst durch die eigene Leistung: Selbstdisziplin und bewusste Wahl – Liebesglück und wahre Liebe **HERVORBRINGEN** kannst – auf die gleiche Weise, wie man andere Projekte wie das Jura-Examen schafft oder eine Diät durchhält – unter diesem Gesichtspunkt ist es ein unmögliches Unterfangen – und der Versuch, auf diese Weise zur wahren Liebe zu gelangen, ist zum Scheitern verurteilt und führt nur zu NOCH weniger Selbstwertgefühl.

**Äh… hm…**

**Und damit, liebe Leser*innen, he he, machen wir mal weiter mit Nr. 2 unserer Liste …**

… also dem in dieser spätkapitalistischen Self-Empowerment-Message versteckten Versprechen, dass schmerzfreie Liebe MÖGLICH ist,

dass wir nämlich lieben können, aber auf die negativen Aspekte und Schmerz verzichten.

Vergleichen wir die Message des Songs „Irreplaceable" einmal mit der Message des Songs „Any Woman's Blues" der Blueslegende Bessie Smith aus dem Jahr 1923. Das Lied wurde von der US-Amerikanerin Lovie Austin (1887–1972) geschrieben.

Lovie Austin, für ihre Spritztouren in scharfen Outfits in ihrem Stutz Bearcat mit leopardenfellgemusterten Sitzen berüchtigt, war eine der erfolgreichsten Bluespianistinnen und Komponistinnen der damaligen Zeit.

Der Song „Any Woman's Blues" entwirft ungefähr das gleiche Szenario wie „Irreplaceable", hat aber nicht die gleiche erbauliche Selbstschutz-Message. Bessie Smith singt vielmehr Folgendes:

My man ain't actin right

He stays out late at night

And still he says he loves no one but me.

But if I find that gal

That tried to steal my pal

I'll get her told - just you wait and see*

* Text transkribiert von Davis, Angela: Blues Legacies and Black Feminism. Vintage Books 1998, S. 260

I feel blue,
I don't know
what to do (...)
LORD, I LOVE
MY MAN BETTER
THAN MYSELF
LORD, I LOVE
MY MAN
BETTER
THAN MYSELF

In einem anderen Song über das gleiche Thema namens „Bad Luck Blues" (1923, gesungen von Ma Rainey) schreibt Lovie Austin Folgendes:

* In all diesen Songs nennt sie ihren Typen „daddy" und sich selbst „mommy".

YOU MIGHT AS WELL TO DIE, GIVE YOUR SOUL TO THE MAKER ABOVE**

** Davis, Angela, S. 200

Sich so wie Lovie Austin über Liebesbeziehungen zu äußern: extrem negativ, aufopfernd und unterwerfend, ist für Frauen (und Männer) (aber hauptsächlich für Frauen) heutzutage tabu: So zu fühlen ist den Normen unserer Zeit zufolge **VÖLLIG FALSCH**:

Der Grund, warum Hingabe und Selbstopferung auf dem Altar der Liebe seit ein paar Jahrzehnten total OUT sind, ist der Aufstieg einer neuen Therapie-Kultur – bei der die eigene Person unglaublich wichtig und die eigene Autonomie zentral ist.

**Eva Illouz beschreibt diese kulturelle Veränderung in ihrem Buch:**

Historisch betrachtet war die höfische Liebe äußerst idealistisch und somit in der Lage, Liebe und Liebesleid in eine erhabene Erfahrung zu verwandeln, eine Art Tapferkeit:*

Illouz, S. 235–236

In der zeitgenössischen Kultur zeigt sich ein ausgereifter Charakter hingegen an der Fähigkeit, Leiderfahrungen schnell zu überwinden oder, besser noch, ganz zu vermeiden.*

* Illouz, S. 240

Illouz schreibt:
In der neuen therapeutischen Kultur sind Selbstaufgabe und Selbstaufopferung höchst suspekt geworden, weil die Fähigkeit, die eigenen Interessen zu wahren, zum Synonym für geistige Gesundheit geworden ist.*
* Illouz, S. 296

Leiden ist zum Zeichen eines beschädigten Selbst geworden.*
* Illouz, S. 241

Dieses Modell geistiger Gesundheit, das flächendeckend in die Intimbeziehungen Einzug hielt, forderte eine Ausrichtung der Liebe auf Definitionen des Wohlbefindens und Glücks, die das Leiden letztlich verwarfen, und hielt den Einzelnen dazu an, seinen Nutzen zu maximieren.

Seine eigenen Interessen zu kennen und zu verteidigen, wurde zunehmend gleichbedeutend mit emotionaler Reife.*
* Illouz, S. 296–297

Das emotionale Erleben der Liebe beinhaltet und bezeugt in wachsendem Maß ein utilitaristisches Projekt des Selbst, bei dem es darum geht, ein Maximum an Genuss und Wohlbefinden sicherzustellen.
Leid ist dieser neuen kulturellen Sprache der Liebe zusehends fremd geworden.*
* Illouz, S. 297

Dies wiederum bedeutet, dass eine Liebe, die eine Quelle von Leid war, als „Irrtum" gelten musste, als Fehleinschätzung der Vereinbarkeit zweier Persönlichkeiten …
als Zeichen dafür, dass man WEITERER SELBSTERKENNTNIS bedurfte, um das eigene Leiden zu beheben und zu einer reiferen Wahl zu finden.*
* Illouz, S. 297

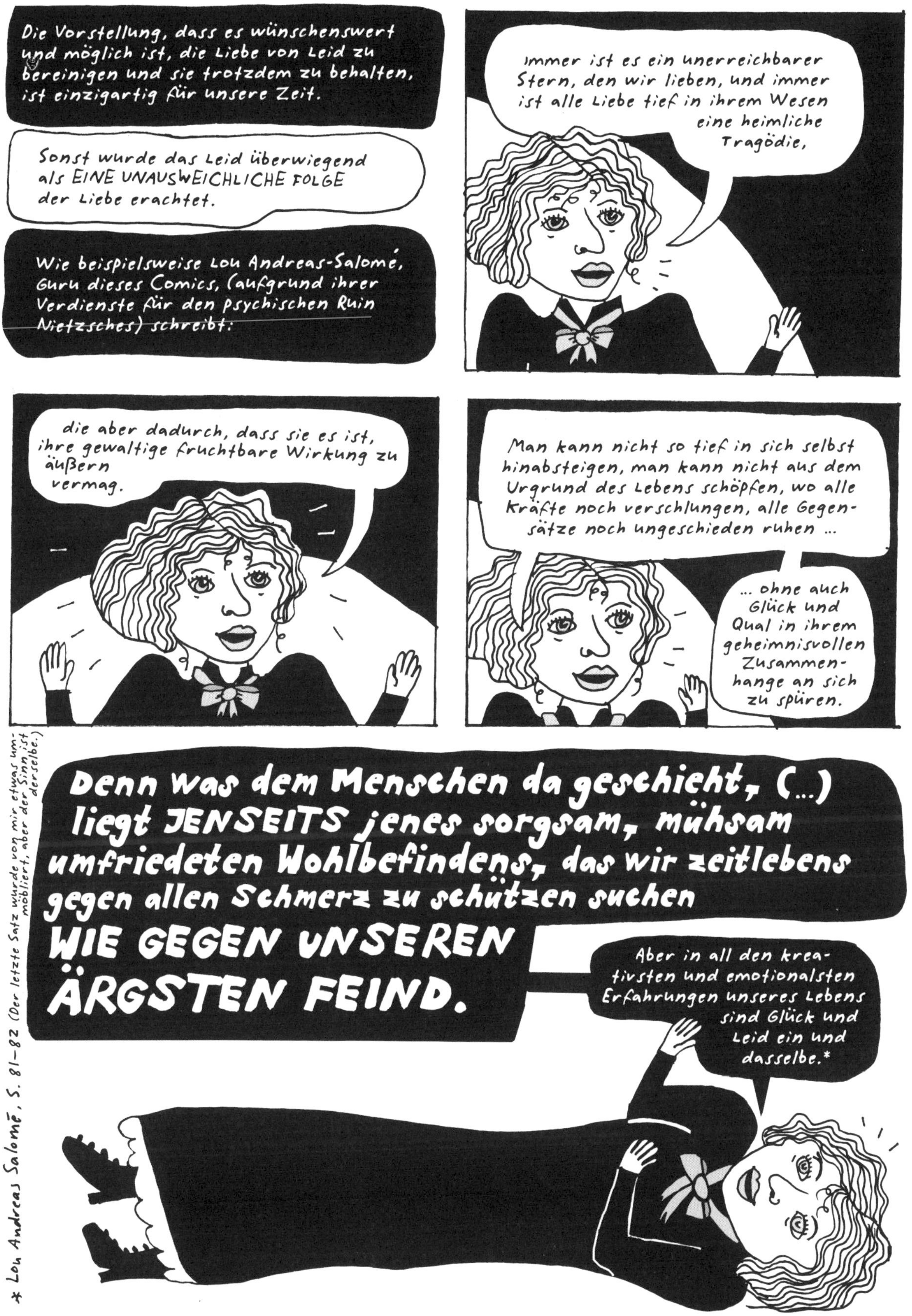

Die Vorstellung, dass es wünschenswert und möglich ist, die Liebe von Leid zu bereinigen und sie trotzdem zu behalten, ist einzigartig für unsere Zeit.

Sonst wurde das Leid überwiegend als EINE UNAUSWEICHLICHE FOLGE der Liebe erachtet.

Wie beispielsweise Lou Andreas-Salomé, Guru dieses Comics, (aufgrund ihrer Verdienste für den psychischen Ruin Nietzsches) schreibt:

**Denn was dem Menschen da geschieht, (…) liegt JENSEITS jenes sorgsam, mühsam umfriedeten Wohlbefindens, das wir zeitlebens gegen allen Schmerz zu schützen suchen WIE GEGEN UNSEREN ÄRGSTEN FEIND.**

Aber in all den kreativsten und emotionalsten Erfahrungen unseres Lebens sind Glück und Leid ein und dasselbe.*

* Lou Andreas Salomé, S. 81–82 (Der letzte Satz wurde von mir etwas ummöbliert, aber der Sinn ist derselbe.)

Aber ist es nicht so, dass WENN man sich in jemand anderen verliebt, es zu diesem Gefühl DAZUGEHÖRT, dass man schwach und unsicher wird und an sich selbst zweifelt?

Wie Leo Tolstoi es beschreibt, als sich Graf Wronskij auf einem Ball in Anna verliebt:

Graf Wronskij fühlt sich schwach – so heißt es ja auch wortwörtlich: „eine Schwäche für jemanden haben" – verunsichert und ergeben, er möchte sich erniedrigen und sich Anna zu Füßen werfen.

Wie es der andere Guru dieses Buchs, H.D., in ihrem Gedicht „Eros" formuliert:

To sing love-love must first shatter us!

Der italienische Philosoph und Astronom Marsilio Ficino (1433–1499) beschreibt in seinem Buch „Über die Liebe", wie man sich erst „aufgeben" muss, wenn man sich verliebt, um sich anschließend „zurückzuerhalten". Er schreibt:

* Ficino, Marsilio: Über die Liebe. Felix Meiner Verlag 1984, S. 69

Byung-Chul Han stellt den Prozess folgendermaßen dar:

* Han, S. 8

Nach der „Ein neues Du in nur einer Minute"-Doktrin, oder dem Self-Empowerment-Ideal unserer heutigen Zeit, ist es im Gegenteil das Wichtigste, DIE EIGENE STÄRKE ZU ERHALTEN.

TODAY I CHOOSE ME

FALL IN LOVE WITH TAKING CARE OF YOURSELF. MIND-BODY-SPIRIT.

Es ist am besten, wie die Ich-Erzählerin in „Irreplaceable", den Liebesverrat nicht an sich heranzulassen und darüber schwermütig, traurig oder niedergeschlagen zu werden, sondern stattdessen lieber intakt und unverändert onzumoven.

I choose me.
I choose to have high standards.
I choose to love myself.
I choose to wear my invisible crown,
and I choose
to release anyone who can't see or understand how I could be the BEST thing that ever happened to them.

Byung-Chul Han vertritt jedoch die Ansicht, dass man sich gleich bleibt, wenn man in der Liebe Schaden, Verwandlung, WAGNIS und RISIKO nicht in Kauf nimmt, und im Anderen nur noch die Bestätigung seiner selbst sucht.

* Han, S. 27

Vielleicht bedeutet das, dass man einerseits um das Leid herumkommt, aber vielleicht ist ebenso die Konsequenz:

VIELLEICHT!! Sage ich!! Vielleicht, liebe Leser*innen, vielleicht!!

... mit dem letzten Teil dieses Comics, in dem wir uns die „Ein neues Du in nur einer Minute"-Doktrin mal unter dem Gesichtspunkt anschauen wollen, ob Liebe gerecht sein muss:

– ob Liebe auf GEGENSEITIGKEIT beruhen muss, insofern, als dass beide einander gleich stark lieben

– damit die Beziehung als gut, gesund und erfolgreich gelten kann.

Wenn es NICHT so ist: Wenn wir uns eine Beziehung vorstellen, in der beispielsweise eine Frau einen Mann MEHR liebt als er sie – dann sind wir alle der Meinung, dass es am besten und gesündesten wäre, wenn sie aufhört, ihn zu lieben, und sich jemand anderen sucht, der sie MEHR liebt.

Liebe ist, wenn er sich ebenso sehr um dich bemüht wie du dich um ihn.*

* 8 signs you love him too much, keen.com

Es scheint, als halte die Gesellschaft es für problematisch, wenn INSBESONDERE Frauen zu sehr lieben oder zu liebevoll sind und zu viel von sich geben.

Dass Frauen „zu sehr" lieben, kann alles Mögliche bedeuten: dass eine Frau der Liebe zu ihrem Partner eine ZU zentrale Position in ihrem Leben einräumt ...

Liebe ich ihn zu sehr?

8 Warnsignale

... oder, auf der anderen Seite der Skala, die schlimmste Art von „Frau, die zu sehr liebt": der kulturelle Stereotyp des „crazy girlfriend" – die ihren Partner „wahnsinnig" liebt und nicht verstehen will, dass das nicht gesund ist.

Das ist ein kulturelles Schreckgespenst, von dem alle Frauen Abstand zu nehmen versuchen.

Schauen wir uns mal das „original crazy girlfriend" an, die MOTHER OF ALL CRAZY GIRLFRIENDS, Lady Caroline Lamb, die megakrass in Lord Byron verliebt war.

Als sie sich 1812 trafen, war Lord Byron 24 Jahre alt und als Dichter bereits etabliert; Caroline Lamb war 27 Jahre alt und mit einem anderen Mann verheiratet.

Caroline Lamb hatte die Bücher von Lord Byron gelesen und ihm einen Fanbrief geschrieben. Als sie sich zum ersten Mal trafen, war Lord Byron NICHT besonders von Caroline beeindruckt. Sie war groß und sehr dünn, außerdem trug sie immer Pagen-Kleidung, was Lord Byron dem Vernehmen nach „shocking" fand.*

* www.englishhistory.net

Lord Byron vertraute einem Freund an:

Sie ist viel zu dünn, um hübsch zu sein!

Lamb verliebte sich jedoch sofort UNSTERBLICH in Lord Byron und schrieb:

Lord Byron konnte seine anfängliche Abneigung gegen Lamb jedoch überwinden und sie hatten eine leidenschaftliche Affäre: DER Skandal in London im Frühjahr 1812!

Sie waren extrem verliebt, lasen zusammen Bücher, diskutierten über Poesie und stritten ununterbrochen, wobei ihre Streits in leidenschaftlichem Versöhnungssex endeten.

Wegen des Klatsches über diese skandalöse Affäre floh Byron aus London in eine andere Stadt. Lamb bombardierte ihn mit Liebesbriefen, aber Byron war zunehmend von der Affäre gelangweilt und von Lamb irritiert.

Als er nach London zurückkehrte, mied er sie so gut es ging, während sie ihn hysterisch zu kontaktieren versuchte. Sein Freund John Hobhouse riet Byron, London wieder zu verlassen, um seinen Ruf nicht vollständig zu ruinieren.

Lamb drohte, Byron allein aufzusuchen, am Mittwoch den 29. Juli 1812.

Zur damaligen Zeit war es ein KRASSER Verstoß gegen die Etikette, dass eine verheiratete Frau ihren Liebhaber allein aufsuchte, vor aller Augen. Eine mehr oder minder heimliche Affäre war akzeptabel, aber diese Art von Verhalten drohte ihrer beider Ruf vollständig zu ruinieren.

Aus diesem Grund beschloss Byron, London an just diesem Tag zu verlassen.

**Aber bereits gegen Mittag, noch vor seiner geplanten Abreise, stand Caroline Lamb bereits bei Lord Byron vor der Tür!!!!**

John Hobhouse schildert das Ereignis in seinem Tagebuch: „Wir hörten, wie jemand an die Tür hämmerte, und sahen eine kleine Menschenmenge, die sich vor der Tür und auf der anderen Straßenseite angesammelt hatte …"

„… und herein kam eine Person im KURIOSESTEN Aufzug – jede einzelne Seele im ganzen Haushalt, alle Bediensteten und überhaupt alle – erkannten sofort, dass es sich um Caroline Lamb handelte."

Hobhouse fährt fort: „Sie warf die Überkleider ab und darunter trug sie ein Pagenkostüm."

Lamb nahm augenblicklich ein Messer und versuchte, sich zu erdolchen. Byron hält sie fest, bis sie sich beruhigt hat.

Im August schickt Caroline Lamb Byron einen Brief mit einer Locke ihrer Schamhaare.

In ihrer Sommerresidenz in Hertfordshire lässt sie einen großen Scheiterhaufen errichten und weiß gekleidete Dorfmädchen darum herumtanzen, während sie eine Puppe von Byron verbrennt.

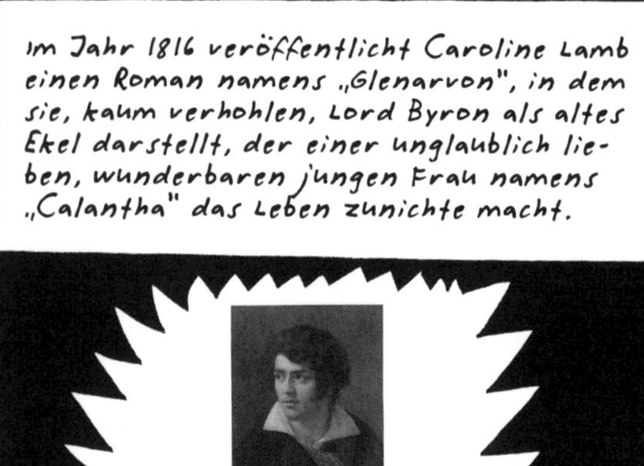

* www.englishhistory.net

Interessant dabei ist, dass Lord Byron vom Verhalten Caroline Lambs VIEL VERSTÖRTER ist, als wenn irgendeine „tugendhaftere" Person mit mehr „Selbstwertgefühl" aufgehört hätte ihn zu lieben, sobald diese erkannt hat, dass ihre Liebe nicht erwidert wird.

Eigentlich ist es ja der TRAUM jedes egoistischen Arschlochs, dass er FÜRCHTERLICH starke Gefühle bei jemand anderem erzeugt, „aus dem Urgrund des Lebens schöpft" (wie Lou Andreas-Salomé es ausdrücken würde), ohne dass es IRGENDWELCHE negativen Konsequenzen für ihn hätte, sondern dass die jeweilige Frau einfach durch Selbstdisziplin ihr eigenes Liebesgefühl „in nur einer Minute" ersticken kann.

Aber Caroline Lamb lässt sich in ihren Gefühlen nicht von Lord Byrons fehlendem Interesse für sie beirren. Vielmehr gesteht sie ihrer Liebe einen eigenen Wert zu, völlig unabhängig davon, ob Lord Byron eventuell auch etwas für sie empfindet.

**Caroline Lambs Loyalität liegt bei IHRER EIGENEN LIEBE**

– das ist für sie das unbedingt Wichtigste –

wichtiger als sie selbst, ihr Ego und DEFINITIV wichtiger als Lord Byron und Lord Byrons Gefühle.

Sie macht ihre Gefühle nicht zu einem Problem oder einem Projekt, zu etwas, das sie umformen oder überwinden muss – sondern sie erschafft einen Kult um ihre Gefühle und lässt zu, dass sie ihr Leben bestimmen, damit ihr eigenes Leben kostbar und bedeutsam wird.

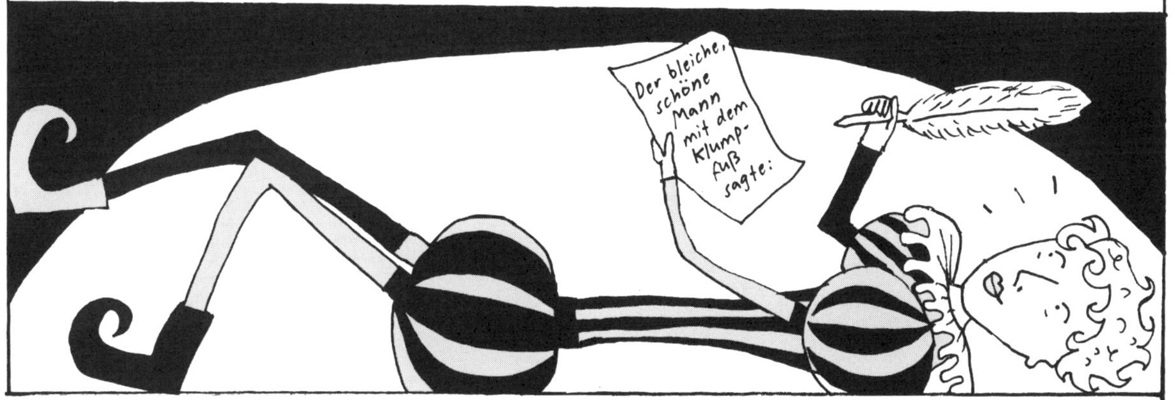

Roland Barthes schreibt über Beziehungen, in denen die Liebe „ungleich" verteilt ist, dass man sie als eine unterschiedliche Rollenverteilung in einer Beziehung betrachten kann:

„Beide verweisen jeweils auf eine Funktion: der Liebhaber inspiriert, der Geliebte hört zu; hier geht es nicht darum, die Gefühle gegeneinander abzuwiegen."

Es ist absolut nicht notwendigerweise so, dass die Rolle des „Liebenden" schlechter ist. Außerdem, so Barthes, ist „der Geliebte" in dieser Konstellation oft ebenso engagiert wie der andere. Er schreibt:

„Wenn es dem Liebenden so schwerfällt, den anderen zu verlassen, dann (...) aus dem Grund, dass der andere nicht will, dass man ihn verlässt."

* Barthes, S. 324

Seiner eigenen Liebe treu zu sein und ihr alles zu opfern, wurde in anderen historischen Epochen als große menschliche Tugend erachtet. Dies zeigt sich beispielsweise in der uralten hinduistischen Erzählung von

# SHIVA & PARVATI

Endlich mal Hinduismus!!

Die Erzählung lautet wie folgt:*

Die Königstochter Parvati ist praktisch die hübscheste, herrlichste, wundervollste junge Frau der Welt.

Ihre Eltern finden sie so toll, dass es nur logisch ist, dass sie einen Gott heiraten soll, genauer gesagt den Gott Shiva.

Shiva lebt auf einem Berg in der Nähe: dort sitzt er und meditiert.

Die Eltern schicken Parvati auf den Berg, auf dem Shiva wohnt, und Parvati verliebt sich augenblicklich UNSTERBLICH in Shiva.

Shiva ist Parvati gegenüber aber VÖLLIG gleichgültig:

* Die Handlung ist entnommen aus „Gods and Goddesses" von Amar Chitra Katha, 2009; sie existiert aber in vielen verschiedenen Versionen, alle ein paar tausend Jahre alt.

SO LEBT PAR-VATI VIELE JAHRE.

Eines Tages kommt ein Eremit aus dem Wald und sagt in etwa das Gleiche zu Parvati, was auch die therapeutische Self-Empowerment-Gesellschaft heute allen sagt, nämlich:
Sag mal, was MACHST du da eigentlich?!
BEGREIF DOCH!
Du musst diesen blöden Typen vergessen und an DICH SELBST denken!
Du bist viel zu gut für ihn!

Anschließend zählt er ihr Shivas Fehler, Defizite und schlechte Seiten auf.
Er ist dreckig!
Er ist arm!
Er wickelt sich SCHLANGEN um!
Seine Familie sind alles NOBODYS!
Er trägt einen DUTT!

Aber da dreht Parvati durch und schreit den Eremiten an:
HÖR AUF, MIR MIT DEINEM GEREDE DAS HERZ ZU BESCHMUTZEN!
Er hat vielleicht Fehler und Defizite, aber ich liebe ihn!
ZISCH AB!

In diesem Augenblick verwandelt sich der Eremit in Shiva! Der Gott hatte sich als Eremit verkleidet, um sie auf die Probe zu stellen.

Shiva verneigt sich tief vor Parvati und sagt:
Von diesem Moment an bin ich dein williger Sklave.

Shiva und Parvati heiraten, werden unglaublich glücklich und sind im Hinduismus ein Symbol für die ideale Ehe.
Ich bin die Göttin der Liebe, Fruchtbarkeit, Schönheit und Sexualität!
Mein Symbol ist die Yoni!!
Aber ich habe auch einen dunklen, aggressiven, dämonenbezwingenden Aspekt wie Kali, die auf dem liegenden Körper meines Mannes tanzt.

Die Moral von Parvatis Geschichte ist, dass

**DER WEG ZUR LIEBE TOTAL KOMPRO-MISSLOSE ERGEBENHEIT IST.**

Ohne zu bewerten, ob richtig oder falsch, können wir notieren, dass sie in großem Gegensatz zu den heutigen Idealen steht, die vielmehr propagieren, dass der Weg zur Liebe über das BEWAHREN des Ichs und das Sicherstellen von „Gerechtigkeit" in der Beziehung führt – man soll darauf achten, dass man selbst nicht mehr Liebe „gibt", als man vom Anderen „bekommt".

Liebe ich ihn zu sehr?
15 Warnsignale*

Dieses Ideal wird als der richtige Weg zur Liebe dargestellt; und es heißt, dass Menschen (insbesondere Frauen),** die übertrieben großzügig und verschwenderisch mit ihrer Liebe umgehen, eher ein Problem haben.

Wenn Ihr Mann (…) sich nicht um Sie kümmert, dann ist Ihre Liebe zu ihm falsch.

Sie haben die falsche Herangehensweise, und Sie sollten Ihre Vorstellung von Liebe einer gründlichen Prüfung unterziehen.

Wahrscheinlich achten Sie nicht genug auf sich selbst, glauben es nicht zu verdienen, bewundert zu werden, und sehen Ihre eigene Schönheit nicht.

Er ist nicht umwerfend, Sie sind es, und das müssen Sie zuallererst erkennen.

* Jacklyn Janeksela, 7. dez. 2016, thetalko.com

** Ich habe keinen einzigen Buchtitel gefunden wie „Männer, die zu sehr lieben".

Unser aller Liebling Sören Kierkegaard bietet uns in seinem Klassiker „Werke der Liebe" aus dem Jahr 1847 eine Erklärung, WARUM

Frauen (oder Menschen im Allgemeinen) so **KRASS** lieben, ihre Zeit und ihre Leben vergeuden, ihr Ich ablegen, um andere Menschen zu lieben, Menschen, denen es egal ist, Menschen, von denen sie nicht gleich viel Liebe zurückbekommen

– **WARUM** sie so **ÜBERSCHWÄNGLICH** lieben, sodass Coaches und Therapeut*innen sich gezwungen sehen, ein Selbsthilfebuch nach dem anderen zu schreiben und millionenfach drucken zu lassen, um dem Einhalt zu gebieten.

Und der Grund, weswegen sie so furchtbar viel lieben, ist,

**WEIL ES SPASS MACHT.**

Oder, mit den Worten Kierkegaards:

**ES SCHENKT SELIGKEIT.**

Kierkegaard schreibt:

* Kierkegaard, Sören: Der Liebe Tun, Gütersloh 1983, S. 267

**Wenn man Liebe so betrachtet, meint Kierkegaard, KANN MAN GAR NICHT BETROGEN WERDEN.**

Betrogen zu werden bedeutet Kierkegaard zufolge NICHT, dass das Gegenüber die eigene Liebe nicht im gleichen Maß erwidert – sondern betrogen zu werden bedeutet, dass man SELBST zu lieben aufhört. Er schreibt:

* Kierkegaard, S. 262

* Kierkegaard, S. 266

Eva Illouz (YIPPIE!! Endlich wieder Illouz!!) verknüpft das heutige Ideal der Gegenseitigkeit in Liebesbeziehungen mit der in unserer Gesellschaft verbreiteten Idee der Nutzenmaximierung: die Idee, dass jedes Leben zu etwas gut sein soll und dass alle unsere Aktivitäten produktiv sein, uns weiterbringen und ertüchtigen sollen.

**Manche sagen jedoch, dass UNPRODUKTIVE VERSCHWENDUNG sehr wichtig ist.**

Illouz beruft sich auf den Philosophen Georges Bataille, der die These vertritt, dass VERSCHWENDUNG für die Gesellschaftsordnung von entscheidender Bedeutung ist. Völlig idiotische Dinge, mit denen man sich unter vernünftigen, rationalen Gesichtspunkten und in gesellschaftlicher Hinsicht überhaupt nicht beschäftigen sollte: Rituale, Luxus, Spiele und Prunkbauten – es ist die VERSCHWENDUNG, die diesen Aktivitäten Bedeutung verleiht, und es ist das Opfer, das HEILIGKEIT ERZEUGT.

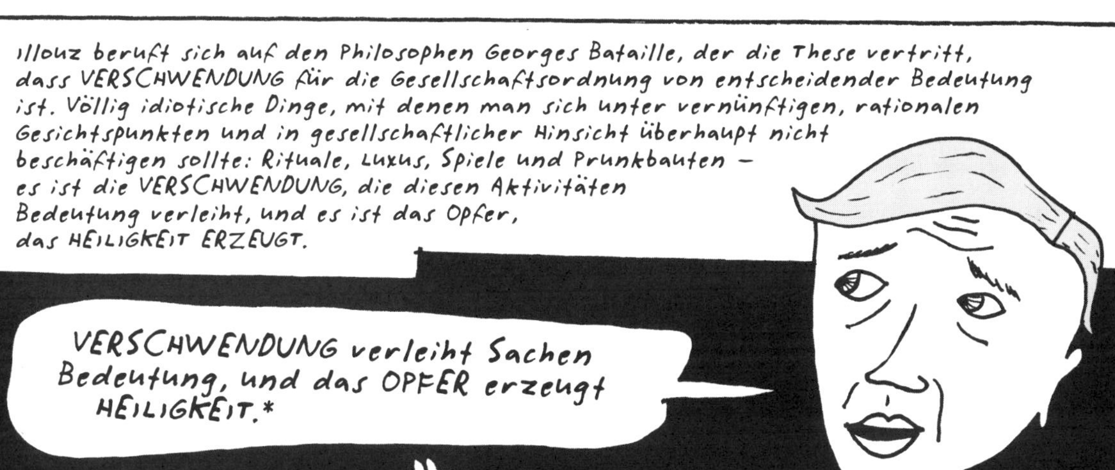


*Illouz, S. 341–342

Also ist **eventuell** der Preis für dieses Verständnis von Beziehungen als gesellschaftliche Transaktion, dieses „Du musst genauso stark lieben wie ich, andernfalls stelle ich meine Gefühle für dich ab"

- EVENTUELL - bewirkt also diese GEIZIGE Haltung, dass **Heiligkeit** (das Mysterium!) ganz einfach nicht entsteht, da die Heiligkeit (vielleicht) erst durch DIE EIGENE AUFOPFERNDE, IRRATIONALE, SINNLOSE VERSCHWENDUNG ENTSTEHT

he he ha ha

Die Antwort auf die Frage, ob ich glaube, dass man durch diese Art von Denken – auf dem die „Ein neues Du in nur einer Minute"-Doktrin basiert – glückliche Liebe finden kann, lautet (wie Sie es sich vielleicht schon gedacht haben, he he): Nein.

ENDE DES COMICS!!!!!!!! →

PS: Ich bin also AUF KEINEN FALL der Ansicht, dass die Ich-Erzählerin in diesem Beyoncé-Song mit diesem blöden, untreuen Typen zusammenbleiben soll – AUF GAR KEINEN FALL!

Ich bin der Meinung, dass sie sofort Schluss machen soll (und außerdem, dass Beyoncé im echten Leben sofort mit Jay-Z Schluss machen soll).

Ich meine bloß, dass DIE FEMINISTISCHE ANTWORT auf die lieblose Behandlung durch Männer, die liebesunfähig sind – nicht sein kann, dass man sich durch Self-Empowerment und Gedankendressur EBENSO LIEBESUNFÄHIG MACHT wie sie.

BONUSMATERIAL!!!

NOCH MEHR WEISHEITEN VON MARSILIO!

Marsilio beantwortet die Frage:

WIE BEFREIT MAN SICH VON SCHLECHTER LIEBE?

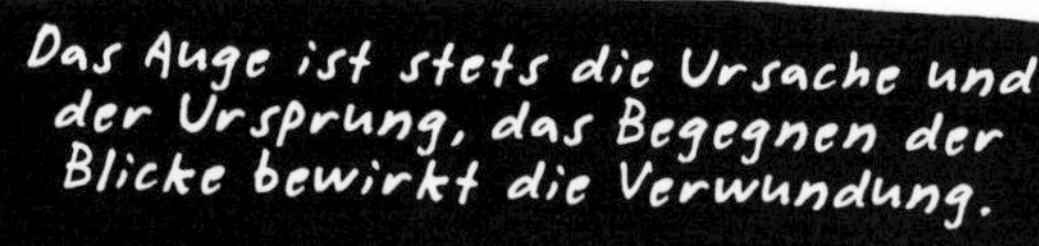


So hält die Krankheit solange an, als der Bodensatz des Blutes in den Adern und der salzige Schleim in den Körperteilen bestehen.

Wenn diese Trübung des Blutes abgeklärt ist, dann hört die Beängstigung der törichten Liebenden auf.

Dieser Läuterungsprozess erfordert bei allen längere Zeit –

bei den Melancholikern aber eine überaus lange, besonders aber, wenn sie der Liebesgott unter dem Einfluss des Saturn in seine Netze gezogen hat.*

NOCH MEHR WEISHEITEN VON 1484
WIE MAN SCHLECHTER LIEBE ENTGEGENWIRKT!!

Für die sorgfältige, kunstgerechte Behandlung muss man vor allem darauf achtgeben, dass unsere Blicke sich nicht mit den Blicken der geliebten Person begegnen.

Sollte deren Seele oder Körper mit einem Makel behaftet sein, so ist es ratsam, häufig daran zu denken.

Ferner muss man häufig zur Ader lassen.

Im Allgemein hilft auch in der Behandlung der Liebe der Beischlaft (mit anderen).*

* Ficino, S. 347

Und jetzt kommt ein neuer Comic mit dem Titel

# Theseus' Gesicht

oder

# ICH HABE DICH EINFACH AUF EINER EINSAMEN INSEL AUSGESETZT, ALS WÄREST DU EIN WERTLOSES STÜCK TREIBHOLZ.

Der alte griechische Mythos über Theseus und Ariadne beinhaltet vielleicht die schönste Darstellung von Liebe, die es gibt: Theseus ist ja eingesperrt, hat sich verirrt, es geht ihm scheiße, er hat Angst, er findet keinen Weg hinaus.

Aber es gibt eine Sache, die ihn herausführt, die ihn rettet, und zwar einen roten Faden, der ihn mit einem anderen Menschen VERBINDET. Die Liebe eines anderen Menschen LEITET ihn –

– aus seiner fürchterlichen Lage – BEFREIT ihn – und wenn er nur einfach am Faden festhält, ihm folgt – dann IST ER GERETTET – kommt wieder an die Luft und ans Licht. →

Und so steht er da! Neben einem anderen Menschen!

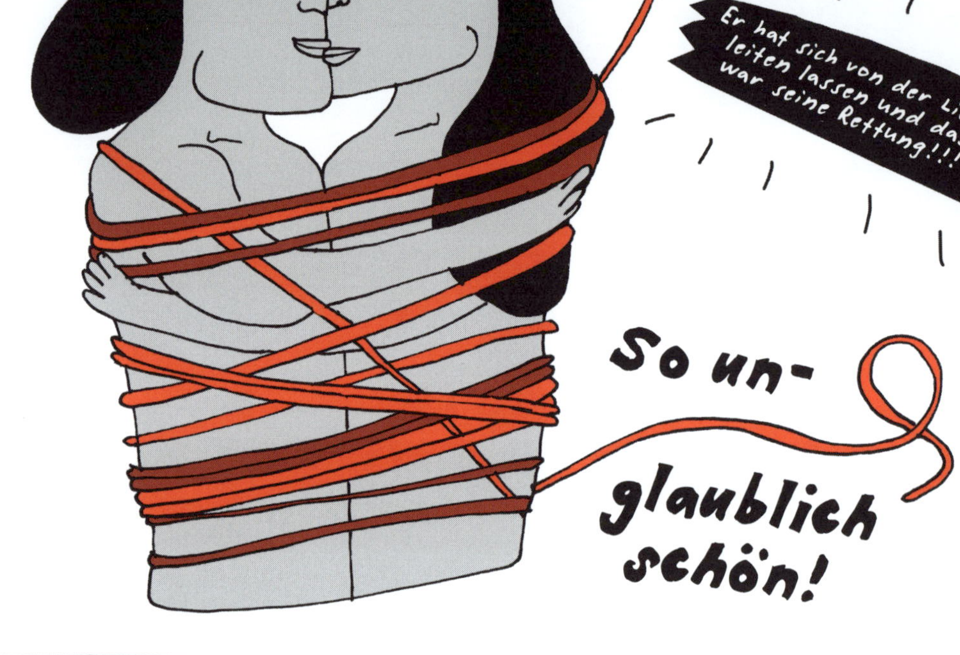


# ABER DANN NIMMT DER MYTHOS EINE TOTAL STRANGE, UNBEGREIFLICHE WENDUNG:*

* Ich weiß, es gibt verschiedene Versionen dieses Mythos, aber darüber wollen wir grad mal hinwegsehen!

Denn nachdem Theseus Ariadne mit auf sein Schiff genommen hat – sie lässt alles zurück, um ihm zu folgen –

– sie gibt ihm ja wirklich ALLES – verrät ihre eigene Familie, ihr Land usw. –

setzt er sie einfach auf Naxos aus – wartet bis sie eingeschlafen ist ...

... und als sie schläft, schleicht er sich davon!

Er setzt sie einfach auf einer einsamen Insel aus, als wäre sie ein gammeliges Stück Treibholz.

Er hat ganz einfach aufgehört, sie zu lieben.

PLÖTZLICH

ODER GANZ ALLMÄHLICH

IST ES PASSIERT:

NICHTS

ER FÜHLT EINFACH NICHTS MEHR FÜR SIE

ODER ZUMINDEST NICHT GENUG

Dieses Phänomen: dass **DIE LIEBE AUFHÖRT**, ist ebenso mysteriös wie unbegreiflich – und passiert ebenfalls unwillentlich und liegt außerhalb der eigenen Kontrolle – wie sich ZU VERLIEBEN.

Vielleicht überkommt es Theseus wie eine wachsende Gleichgültigkeit, wie in Emily Dickinsons Gedicht:

* Dickinson, Emily: We outgrow love like other things. Sämtliche Gedichte, Hanser 2015, S. 894

**Oder Theseus verspürte Ariadne gegenüber eine plötzlich auftretende starke Abneigung. Eine so intensive, abstossende Aversion, von der ihm körperlich schlecht wird, wenn er länger mit ihr zusammenbleibt.**

Es gibt in der Kunstgeschichte viele Bilder der verlassenen Ariadne:

… aber ich finde **kein einziges** Bild von Theseus - in dem Moment, als er LOSSEGELT - also, WIE er aussieht - als er die Insel verlässt - also, WIE stellt man denn diesen Gesichtsausdruck dar -

**„nicht mehr lieben"?**

Liebeskummer sieht so aus:

Verliebt sein sieht so aus:

Aber eines Tages nicht mehr verliebt sein? Was ist das überhaupt? Was passiert da? Kann man das zeichnen? Sieht es vielleicht so aus?

Que pasa?
Was ist denn mit dir passiert?

Keine Ahnung! Ich weiß nicht, was mit mir passiert ist!

Du bist so wie immer, aber ich habe mich verändert.

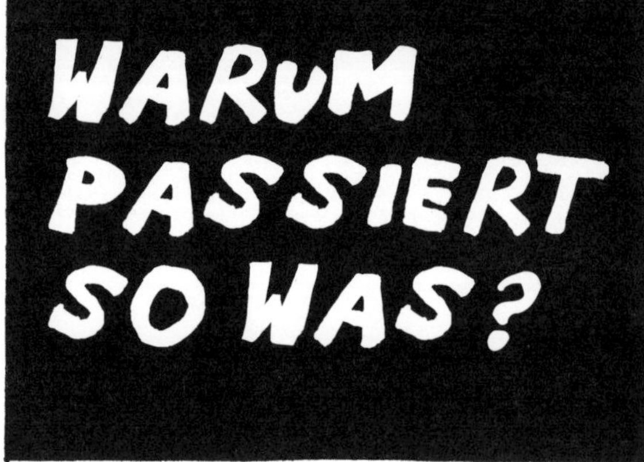

* Dieses Phänomen wird auch Coolidge-Effekt genannt, wie beschrieben in Heilig, Markus: Hon, han och hjärnan, Natur och Kultur 2018, S. 76

Ein Soziologe würde vielleicht wiederum etwas anderes behaupten:

Das verliebte Verhalten von Paaren ist mit anderen sozialen Ritualen unserer Gesellschaft vergleichbar, z. B. Religion, Sport und Politik.

Randall Collins beispielsweise vertritt die Ansicht, die starken Gefühle, die in einer romantischen Beziehung zwischen zwei Personen auftreten, funktionieren wie eine

# MINI-RELIGION

Die Funktion von sozialen Ritualen ist es, Gefühle hervorzurufen und zu intensivieren, indem sie von einer Gruppe geteilt werden – und zwar weil die Teilnehmer*innen an der sozialen Energie teilhaben, die durch die Gruppe entsteht.

Durch soziale Rituale entsteht ein starkes Gefühl von Solidarität mit den anderen Gruppenmitgliedern – man hat das Gefühl, dass die anderen Gruppenmitglieder total super und fantastisch sind.*

Collins, Randall: Sociological Insight. Oxford University Press 1992, S. 130. Das kommt auch in „Der Ursprung der Liebe" vor.

* Collins S. 131

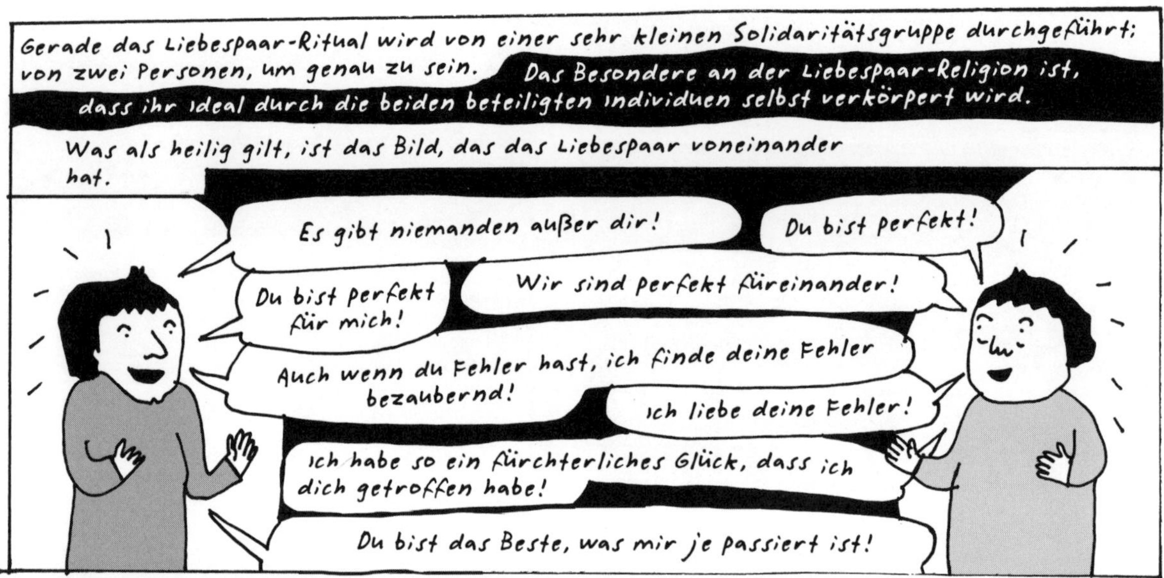


Collins schreibt, dass – genau, wie religiöse Riten heilige Gegenstände und Werte hervorbringen – Liebesrituale ihre eigenen Symbole hervorbringen, die diese starke Verbindung repräsentieren. Collins vergleicht dies mit Kruzifixen oder Bibeln im Christentum oder mit persönlichen Totems in Stammesreligionen.*

* Collins S. 130

**DER WITZ VON SOZIALEN RITUALEN IST, DASS SIE DIE MENSCHLICHE EXISTENZ MIT GLAUBEN, STÄRKE UND BEDEUTUNG AUFLADEN, das Gefühl, dass es da etwas gibt, das GRÖSSER ist als wir – und das ist es, was Religion (und ihre atheistischen Nachfolger: Politik, Sport, Musik, Subkultur, Liebesbeziehungen) so ATTRAKTIV macht.**

Ausgehend von dieser Theorie lässt sich das Ende der Liebe als „Abfallen vom Glauben" an diese Mini-Religion deuten.

## ABER WARUM HÖRT MAN AUF, AN DIESE MINI-RELIGION ZU GLAUBEN?

Tja – vielleicht sind das die gleichen Gründe, weswegen es Gläubigen schwer fällt, weiter an ihrer Religion festzuhalten, wenn diese sich als schlecht, verlogen oder auf irgendeine andere Weise unbefriedigend erweist.

| Gründe für den Austritt aus der kath. Kirche | Ausgetreten |
|---|---|
| | % |
| Unzufrieden mit Lehre über Abtreibung/Homosexualität | 56 |
| Skandal um Missbrauch durch Geistliche | 27 |
| Spirituelle Bedürfnisse nicht befriedigt | 43 |

In einer Beziehung könnte es sich dementsprechend um das Entdecken, oder das allmähliche Hervortreten, einer nicht-liebenswerten Sache am anderen handeln – entweder von etwas Großem, das einmalig auftritt, oder eine Reihe von vielen kleinen Dingen – die plötzlich, oder allmählich, dazu führen, dass der GLAUBE an die Mini-Religion ausgehöhlt wird:

... und dass eine solches Ereignis/eine solche Reihe von Ereignissen ganz einfach dazu führt, dass man schließlich, oder plötzlich, **NICHT MEHR AN DIESE RELIGION GLAUBEN KANN.**

Selbst wenn man auf einer BEWUSSTEN EBENE sehr wohl GLAUBEN kann, dass die Ereignisse keine große Rolle spielen, und man vielleicht traurig war, aber meint, man sei darüber hinweg

dass man es abgehakt hat – dass es geklärt ist etc. – man glaubt,

ABER IRGENDWIE IST DAS BILD, DAS MAN VON DER ANDEREN PERSON HAT, ENTZAUBERT, zerplatzt wie eine Seifenblase an einer Nadel

– und NACH dieser Sache (oder Reihe von Dingen) KANN MAN die Seifenblase nicht wieder heil machen –

selbst wenn man WILL, dass sie wieder heil wird, lieben WILL, zusammenbleiben WILL

KANN MAN DAS GEFÜHL NICHT MEHR SPÜREN, MAN KANN NICHT GLAUBEN, MAN IST UNGLÄUBIG GEWORDEN, EIN*E DISSIDENT*IN.

Eva Illouz schreibt in einem Artikel in der Zeitung Haaretz:*

„Sich zu verlieben kann jedem passieren, und die Liebe ist wirklich blind – ABER FÜR DAS AUFRECHTERHALTEN DER LIEBE BEDARF ES WEIT GEÖFFNETER AUGEN, DIE DEM INTENSIVEN BLICK EINES ANDEREN MENSCHEN TAGAUS TAGEIN STANDHALTEN."

* Illouz, Eva: The thrill is Gone, Haaretz, 7 Sept. 2013

Sie fährt fort:

„Von einem anderen Menschen geliebt zu werden, ist, wie ein Foto sich langsam entwickelt – man zeigt dem Anderen allmählich sein wahres Gesicht, sein wirkliches Ich, durch dessen ANDAUERNDEN UND DURCHDRINGENDEN BLICK."

SOO ANSTRENGEND!! Kein Wunder, dass DiCaprio das nicht auf die Reihe kriegt!! HA HA

Illouz schreibt:

LIEBE SIEHT UND ERKENNT,

GELIEBT ZU WERDEN BEDEUTET, GESEHEN UND ERKANNT ZU WERDEN.

IM UNTERSCHIED ZUR NARZISSTISCHEN SPIEGELUNG IN ANDEREN MENSCHEN – PASSIERT ETWAS ANDERES, WENN ZWEI MENSCHEN EINANDER KLAREN GEISTES ANSCHAUEN UND SPIEGELN.

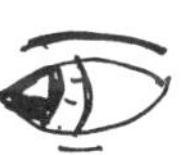

Wenn es gelingt, kann dieses beharrliche Einander-Anstarren etwas ganz Tolles sein. Illouz entlehnt hierfür ein Bild aus Houellebecqs Buch „Ausweitung der Kampfzone", bei der eine Beziehung zu einem anderen Menschen beschrieben wird:

... Während ein Spiegel Tag für Tag dasselbe trostlose Bild zurückwirft, planen und bauen zwei parallele Spiegel ein klares und dichtes Netz, welches das menschliche Auge auf einen unendlichen Weg ohne Grenzen führt, unendlich in seiner geometrischen Reinheit, jenseits aller Leiden, jenseits der Welt.*

* Houellebecq, Michel: Ausweitung der Kampfzone. Wagenbach 2004, S. 146

**WIE DEM AUCH SEI!** EIN ANDERER GRUND FÜR DAS ENDE DER LIEBE – oder dass man aufhört, an die Mini-Religion zu glauben –

(falls wir das Liebespaar-Verhalten als soziales Ritual mit dem Ziel der Erzeugung von Gefühlen verstehen)

ist vielleicht – dass die Gefühle versiegen, weil man das RITUAL NICHT RICHTIG DURCHGEFÜHRT HAT, oder das Ritual halbherzig und nicht engagiert genug durchgeführt hat, sich der Durchführung des Rituals ganz einfach

**NICHT HINREICHEND GEWIDMET HAT.**

... müsste es ja auch in der kleinen Solidaritätsgruppe der Liebespaar-Mini-Religion sein: Man bestärkt seinen Glauben an die Mini-Religion, indem man ständig die rituellen Handlungen des Paarverhaltens durchführt.

... wenn man erschöpft und gleichgültig ist oder es nicht so wichtig findet – oder philisterhaft und irrational – wird der **GLAUBE AN DIE MINI-RELIGION** vielleicht geschwächt, was letztlich evtl. dazu führt, dass man den **GLAUBEN GANZ UND GAR VERLIERT** und sich einem anderen, ketzerischen Gedanken widmet:

Wenn man will, dass der Zauber nicht verfliegt, muss man sich benehmen wie zwei Päpste in ihrer privaten Glaubensgemeinschaft, die ihre zeit mit Tapas-for-two verbringen, Weihrauch schwenken, Jahrestage feiern, Oblaten essen, sich an wichtige Dinge erinnern, die der oder die andere mal gesagt hat, ein altes Stück Knochen auf ein Samtkissen legen und in einen goldenen Schrein einschließen, zusammen „unser Lied" hören, um der Entstehung des Wunders zu gedenken, täglich bestimmte Mantras wiederholen, wie „Ich liebe dich" und „Die Jeans steht dir aber gut", wie ein Gute-Nacht-Gebet, oder besser noch fünfmal am Tag zu wiederholen, wie im Islam, sich ständig mit dem Wohlergehen des anderen beschäftigen, sich Mühe zu geben, ein guter Mensch zu sein, der Versuchung, mit jemand anderem ins Bett zu gehen oder Schweinefleisch zu essen, zu widerstehen und sich stattdessen an den Grenzen, die die Religion einem setzt, zu erfreuen - sich an der emotionalen Energie zu ERLABEN, die durch den unlogischen, irrationalen GLAUBEN AN UNS ZWEI suggeriert wird - DASS ES EINEN SINN und ein ZIEL für uns zwei gibt - wie wenn man lebenslang in einem Kloster dient.

Vielleicht, liebe Leser*innen!!! Vielleicht, vielleicht!!!!!!!

**ODER IST ES SO** – dass diese Erklärungsversuche, warum die Liebe aufhört, einfach vorgeschobene Gründe sind, als eine Art Rechtfertigung – weil es sonst so meganervig wäre, jemanden **VÖLLIG OHNE GRUND** so zu verletzen, wie es nun mal passiert, wenn man nicht mehr liebt?

Denn ich meine – es passiert ja oft, dass jemand total gemein zu einem ist und einen FREVEL an der Mini-Religion begeht – aber man ist trotzdem weiter in diese Person verliebt? (Obwohl, wie lange wohl noch?! Vielleicht gelangt man immer irgendwann an einen Punkt, an dem es plötzlich vorbei ist? Oder so?!)

Und vielleicht ist die ganze Sehnsucht nach Erklärungen, Vorstellungen und Erzählungen über das, was passiert ist, und warum – vielleicht ist diese Sehnsucht nur Ausdruck dessen, dass wir Menschen uns verzweifelt bemühen, nicht einfach nur gewöhnliche Wesen zu sein, die auf einer Kugel im Universum herumkrabbeln – auf der uns Sachen einfach **PASSIEREN** und wir selbst random-mäßig Sachen **MACHEN** und **FÜHLEN** – **ZUFÄLLIG – OHNE GROSSE BEDEUTUNG – OHNE DASS MAN ES VERSTEHEN KANN?**

UND DASS ES GENAUSO GUT EINFACH
sein kann, dass die Liebe irgendwann futsch ist
– OHNE ERKLÄRUNG
und zwar, weil die Göttin einen einfach verlassen hat?
Und dass sich da nichts machen lässt?
Außer zu beten und darum zu bitten, eines Tages wieder mit Liebe gesegnet zu werden?
Dass Theseus – und man selbst – einfach nur hoffen können

hoffen

hoffen
auf

die Nymphen, die
in Bergwäldern und
Grotten wohnen

und auf den Straßen
und Plätzen

dass sie einen eines
Tages wieder
verzaubern werden

LASSE DAS
MEER ERBEBEN

LASSE DEINE
SPITZEN BAUMWIPFEL
DURCHEINANDER-
WIRBELN

SCHLEUDERE
DEINE MÄCHTIGEN
BAUMWIPFEL

GEGEN
UNSERE KLIPPEN

GIESSE DEIN GRÜN
ÜBER UNS AUS

ERTRÄNKE UNS
IN DEINEN
BAUMMEEREN

Ende!!
Das letzte Gedicht bezieht sich auf das Gedicht „Oread" (Bergnymphe) von H.D.

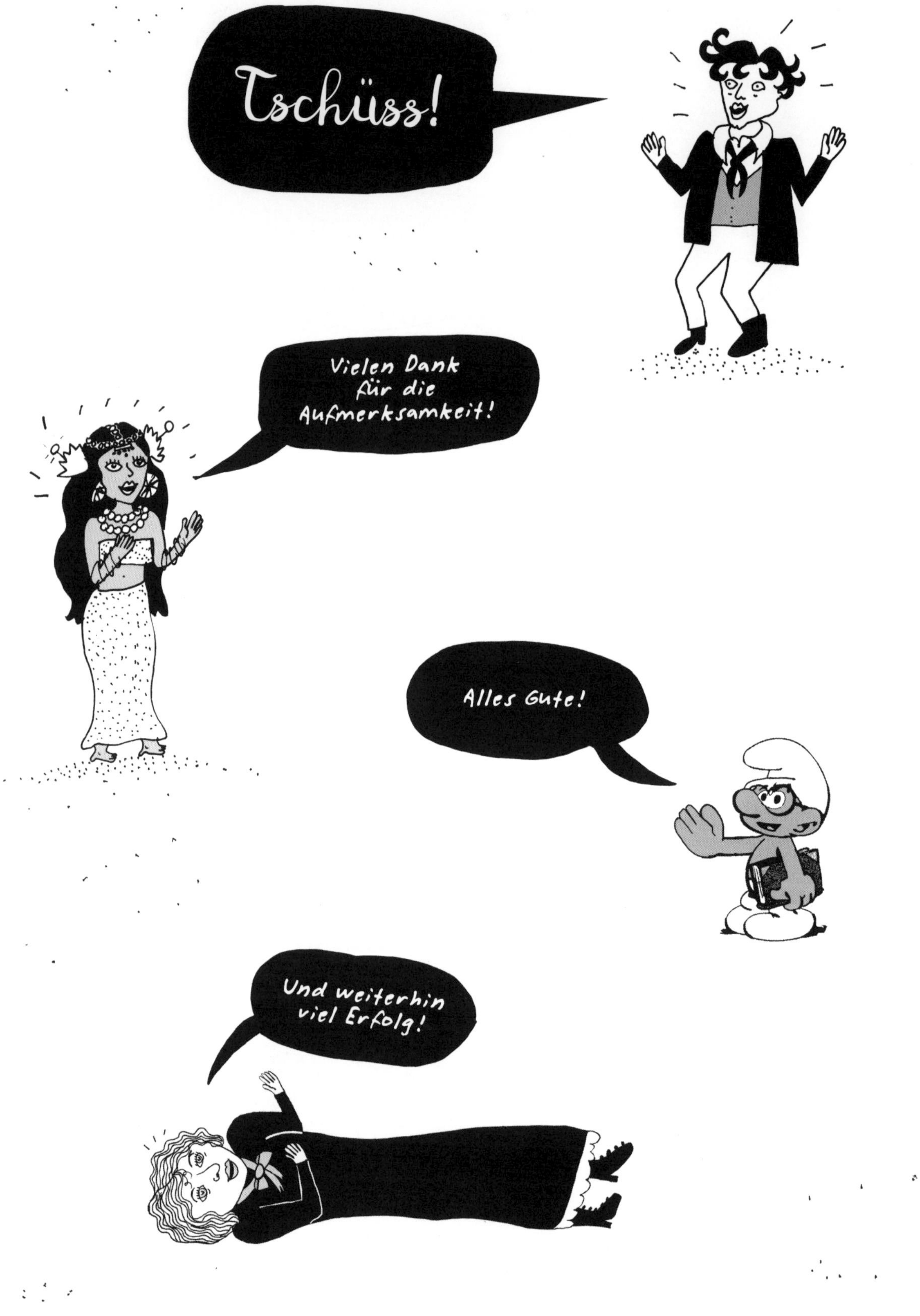

Und weiterhin viel Erfolg!

Ich bitte um Verzeihung bei all den Philosoph*innen, Dichter*innen und Forscher*innen, die ich nicht richtig verstanden, falsch erklärt oder ungenau wiedergegeben habe!

Lesen Sie sie im Original!

Warum lesen Sie überhaupt COMICS?!

Sind Sie etwa neun Jahre alt?!!

HALLOOO!!

Die Kinder haben Hunger!

Tu was!!!

Warum war es mir noch mal so wichtig, mit dem Typen zusammen zu sein?!

Habe ich gerade irgendwie vergessen!

Waaaaarum habe ich bloß gesagt, dass Theseus dick aussieht in seiner Toga?

Liv Strömquist, geboren 1978 in Lund, Schweden, ist eine der einflussreichsten feministischen Comiczeichnerinnen.

Die studierte Politikwissenschaftlerin zeichnet regelmäßig für unterschiedliche schwedische Magazine und Zeitungen. Ihre Buchveröffentlichungen befassen sich mit sozialen Fragen mit einer Bandbreite an Referenzen von Popkultur bis zur Bibel. Ihr Titel *Der Ursprung der Welt* befasst sich mit der gesellschaftlichen Tabuisierung von Menstruation und der Vulva. Quasi eine Kulturgeschichte der Vulva.

In *Der Ursprung der Liebe* untersucht sie Beziehungsmuster und findet Antworten auf allgegenwärtige Fragen. Ihre Suche führt sie von der Prüderie des 19. Jahrhunderts, über nordische Göttinnen, Anti-Romantik und soziologische Theorien, bis hin zur Psychoanalyse. Dabei geht sie auch einer Reihe weiterer Fragen nach, wie: Was ist innerhalb einer Beziehung erlaubt und was nicht? War Ronald Reagans Frau Kommunistin? Und war Prinz Charles überhaupt in Diana verliebt?

In *I'm every woman* behandelt sie den Mythos vom männlichen Genie indem sie Geschichte aus weiblicher Perspektive schildert. Diese Sammlung von kürzeren Geschichten reiht sich in ihre patriarchiekritischen Veröffentlichungen ein. Die Leser*innen begegnen darin diversen Frauen, die sich im Schatten ihrer allseits gelobten und bewunderten Männer bewegen mussten. Strömquist nimmt die Figuren von Jenny Marx, Priscilla Presley und Yoko Ono, die trotz ihrer Beiträge zu den Erfolgen ihrer Ehemänner zu Fußnoten in den Geschichtsbüchern reduziert wurden, und unterzieht sie einer wohlverdienten Rehabilitation.

Liv Strömquists Gesellschaftskritik beruht auf Fakten und kombiniert unbändige Freude an Sprachwitz und berechtigte Wut mit ihren ausdrucksstarken Zeichnungen.